Weihnachten
mit
Helmut Zöpfl

Otto Josef Steuerl in Freundschaft

Weihnachten mit Helmut Zöpfl

rosenheimer

© 1999 Rosenheimer Verlagshaus GmbH & Co. KG, Rosenheim

Titelbild: Sebastian Schrank, München
Layout und Satz: Buch-Werkstatt GmbH, Bad Aibling
Druck und Bindung: Ebner Ulm
Printed in Germany

ISBN 3-475-52972-6

Gerade zur Weihnachtszeit denke ich immer wieder an die schlichte Frage, die mir vor einiger Zeit ein Pfarrer so ganz nebenbei gestellt hat: »Ist es nicht schön, daran glauben zu dürfen, dass Gott seinen Sohn für uns in die Welt geschickt hat, damit er uns erlöse?« Jedes Jahr feiern die Christen zur Weihnachtszeit die Geburt des Erlösers. Nun muss man aber weiterfragen: Wer sind diese »Christen« überhaupt? Und auf welche Art und Weise feiern sie das Heilsereignis? Für viele in unserem Land zumindest ist es lediglich ein Routinefesttag, eine der roten Zahlen im Kalender, ein Fest wie jedes andere. Und für manche hat es nicht einmal größere Bedeutung als etwa der Beginn des Oktoberfestes oder der Starkbieranstich. Die Zeit davor ist zwar für die meisten nach wie vor mit großer Hektik erfüllt, aber worauf sie im Advent warten, um was es letztlich in dieser Heilsnacht ging und geht, das gerät häufig im allgemeinen Trubel in Vergessenheit. Und manche verkünden gar: »Bin ich froh, wenn alles wieder vorbei ist.«

Die Weihnachtsfeiern beginnen zwar jedes Jahr immer noch früher und spätestens Ende November werden die ersten Christbäume aufgestellt. Ehrlichkeitshalber sollte man diese Weihnachtsfeiern aber eher als vorgezogene Faschingsveranstaltung oder allenfalls als Jahresabschlussfeiern bezeichnen. Denn mit Weihnachten haben sie in der Regel weniger gemeinsam als der Mittlere Ring in München mit dem Ring des Nibelungen.

Ich will aber nicht verschweigen, dass es eine Reihe von Advents- und Weihnachtsveranstaltungen gibt, in denen es auch beschaulicher zugeht. Von diesen wird ein überwiegender Prozentsatz durch das Vorlesen der »Heiligen Nacht« von Ludwig Thoma bestritten. Ich bin mir sicher, dass dieses Werk, vor allem, wenn es von beschaulicher Stubenmusi und entsprechenden Liedern umrahmt wird, zum Besten gehört, was die bayrische Literatur hervorgebracht hat. Aber ich frage mich dennoch immer, ob man Weihnachten und das Heilsereignis nur auf die vergebliche Herbergssuche und die gewiss berechtigte Feststellung reduzieren kann und soll, dass das heilige Paar auch in unserer Zeit Probleme mit der Unterkunftsbeschaffung bekäme. Vergessen wir bei dieser Klage nicht ein wenig die Freude, dass trotz oder gerade wegen der widrigen Umstände, unter denen Christus auf die Welt kam, wir alle durch seine Ankunft erlöst wurden? Dass in dieser Nacht das Heil verkündet wurde, dass die Zusage Gottes erfüllt wurde, dass die es erlangen werden, die guten Willens sind?

Bei Veranstaltungen des Münchner Chanson-Clubs, der um die Adventszeit Weihnachtslieder aus aller Welt singt, fällt mir immer wieder auf, dass diese in der Regel viel fröhlicher sind als unsere. Und das, obwohl wir doch am dritten Advent sogar noch besonders aufgefordert werden, dass wir uns freuen sollen – heißt dieser Sonntag doch »Gaudete«, also »Freuet euch«. Auch wenn wir hin und wieder von der »fröhlichen und seligen Weihnachtszeit« singen, kommt mir persönlich die Freude über die Geburt des Erlösers etwas zu kurz. Aber das gilt wohl für die gesamte Frohe Botschaft, die, wenn sie von den Christen überhaupt verkündet wird, immer mehr mit den Wörtern »wenn« und »aber« eingeleitet wird. Vielleicht findet in unserer Wohlstandsgesellschaft die Freude ohnehin immer weniger Tanzplätze, weil Freude nach wie vor unsere Aktivität erfordert, nicht bloß die Passivität des Unterhaltenseinwollens. Damit die Weihnachtsfreude nicht zur bloßen Weihnachtsunterhaltung wird, sollten wir also, so paradox es auch klingen mag, dieses Wort Freude wieder etwas ernster nehmen.

Helmut Zöpfl

Inhaltsverzeichnis

Süßer die Glocken nie klingen

oder:
Wie wir heute Weihnachten feiern

Bald ist es so weit

Frische Kirschen und Bananen,
T-Shirts, FC-Bayern-Fahnen,
Büchsenöffner, Hängematten,
Spargelschäler und Krawatten,
Kugelschreiber, Tintenex –
Videos mit Gruppensex,
Rheumawäsche, Hosenträger,
Küchenrollen, Tennisschläger,
Zahnpasta, Enthaarungscreme,
Einlagsohlen, ganz bequeme,
Tamagotchie, Heim-Computer,
Kittekat und Hundefutter,
Ostereier, Faschingskrapfen …
Liegn dazwischen Tannenzapfen,
Silber- und Lamettafäden
in den Schaufenstern der Läden,
sind wir in der staaden Zeit,
Weihnachten ist nicht mehr weit.
Durch die Lautsprecher Reklame,
Werbesprüche, einprägsame,
Billigsonderangebote,
Intimsprays, besondre Note,
Reifenquietschen, Schimpfen, Fluchen,
schnell Last-minute-Urlaub buchen …
Tönen dazu Glockenklänge,
Hirtenlieder, Dreigesänge,
sind wir in der staaden Zeit,
Weihnachten ist nicht mehr weit.

Nikolotchie

Früher kam der Nikolaus
zu den Kindern noch nach Haus,
mit Knecht Ruprecht oder gar
mit einer kleinen Engelschar.
Jener las oft die Leviten,
lobte aber auch Meriten.
Und dann holte Nikolaus
aus dem großen Sack heraus
Äpfel, Birnen, Haselnuss
und womöglich auch zum Schluss
eine Rute noch geschwind
für das nicht so brave Kind.
All das ist Vergangenheit,
liegt nicht mehr im Geist der Zeit.
Nikolaus und Bischofsmütze
sind in einer Zeit nichts nütze,
in der Technik garantiert
Leistungswettbewerb regiert.
Kinder fördern ohne Ruh
heißt's, sonst schrumpft ja ihr IQ.
Sang man früher hie und da:
»Lustig, lustig, trallala«
oder »Leis rieselt der Schnee«,
geht es heut um CAD,
Anschluss an das Internet,
denn wie schnell ist es zu spät,
lernt das Kind nicht früh verstehn
mit Computern umzugehn.

Haltet statt mit Niklausgab
euer Kind gezielt auf Trab.
Wer an Kindes Zukunft denkt,
Software oder Hardware schenkt.

Doch modern sein heißt auch nicht
den totalen Brauch-Verzicht.
Denn der gute Nikolaus
darf auch weiter noch ins Haus.
Allerdings nicht wie zuvor
durch das Stiegenhaus, Tür, Tor.
Er kommt nun auf Interline
zu dem lieben Kinderlein,
allwo dies emanzipiert
Nikolaus nun dirigiert.

Sagt der was, was stört das Kind,
schmeißt es sogleich ganz geschwind
digital Sankt Nikolaus
aus dem Bildschirm einfach raus.
Passt ihm was nicht in den Kram,
wählt's ein anderes Programm,
welches ihm verheißt mehr Spaß.
Beispielsweis den Osterhas,
der nicht wie der Weihnachtsbot
ihm gar mit der Rute droht,
allenfalls nach einem Nest
Kinder surfend suchen lässt,
das der Has im Internet
zwischen Sex und Crime versteckt.

Nikolaus sagt nimmermehr:
»Vom Wald da draußen komm ich her«,
kommt nicht durch Schornstein oder Tür,
durch Windows, CD-ROM dafür.
Nicht Kettenklirren, Glockenklang,
ein Piep, piep, kündigt ihn jetzt an,
der wie eine Flunder, ach,
erscheint nun auf dem Bildschirm flach.

Hat aber man noch nicht zu Haus
Computer, muss den Nikolaus
nicht missen heutzutag ein Kind,
denn die Technik ist geschwind.
Erfindergeist wird niemals ruhn.
Nach dem Tamagotchie-Huhn
kommt nun aus Japan wieder, klar,
der Nikolotchie wunderbar,
der rechtzeitig zum Weihnachtsfest
die Herzen höher schlagen lässt.

Ein Knopfdruck von den Kinderlein
haucht Nikolotchie Leben ein.
Darauf ertönt ein Piepser-Ton
und Nikolotchie ist jetzt »on«.
»Vom Himmel hoch, da komm ich her,
ich will euch sagen, es weihnachtet sehr«,
ertönt's aus dem Computer dann
und darauf zeigt derselbe an:
»Sag auf ein Nikolausgedicht!«
Und wenn man dann dasselbe spricht,

18

der Nikolaus ganz freundlich lacht.
Das heißt: »Das hast du gut gemacht!«
Und zur Belohnung, heißassa,
erklingt es: »Lustig, trallala.«
Der Nikolotchie ist erpicht,
dass man ihn füttert mit Gedicht,
mit frommen Liedern und Gebet
den ganzen Tag von früh bis spät.

Doch wenn der Input mal nicht stimmt,
dies Nikolotchie übel nimmt.
Dann macht es auf dem Bildschirm »peng«.
Nun zeigt er Sack und Rute streng.
Und wiederholt sich das, oh Graus,
dann flippt der Nikolotchie aus.
Er ruft per Notruf, eins, zwei, drei,
den wilden Krampus schnell herbei.
Und der erscheint auch schon schnurstracks,
packt in den Sack dann, hurradax,
das böse Kind, das nicht gepflegt
und nicht laut Anweisung umhegt
den guten Nikolotchie hat,
der, ach, ein toter Apparat
nun ist, ganz ohne Leben drin.
Und den, weil er ohne Sinn,
umweltbewusst und ganz korrekt
Krampus in den Container steckt,
sich auf die Kutsch zum Himmel schwingt,
ihn dorthin zur Entsorgung bringt.

Nikolausfeier

Letztes Mal haben wir wieder einmal im Dezember eine wirklich schöne Veranstaltung in meinem Verein gehabt.

Da ist also der Weihnachtsmann zu unsere Kids 'kommen. Mit einem echten Snow-car ist er daher-drived.

Eine richtige Girlgroup hat er in seiner Connection gehabt, die wo aber auf Engel hergestylt waren.

Ich hätt ja lachen können, wie clever heutzutag schon unsere Minis sind. Baggert da nicht gleich einer von den Jungs den Weihnachtsmann an und sagt zu ihm: »Halloh, Santa Claus, stimmt's oder hab ich Recht, dass du heut Geburtstag feierst?«

Und dann hat er ihm ganz ohne Playback einfach live »Happy Birthday« vorgesungen.

Der Weihnachtsmann war sichtlich amused.

Dann hat die Frau von unserm Kassier, die Frau Hirschnagl, auf'm Keyboard »Jingle bells« gespielt.

Auf das hin hat der Weihnachtsmann so eine Art Small talk mit den Kids gemacht, aber nicht streng, sondern ganz easy, halt bloß just for fun.

Dann hat er seinen Laptop raus'zogen und davon eine Art Weihnachtsstory abgelesen.

Nachher hat er in seinen Sack hineingelangt und den Kids in ihre Moon-boots-Schuh', die wo sie schon vorher hingestellt haben, lauter kleine Presents hineingelegt, Sweeties wie Smarties und Choco-nuts, aber auch ganz moderne Energy-drinks und halt so kleine Zeichentrickfiguren wie beispielsweis die Turtles oder den He-Man.

Dann haben wir die elektrische Beleuchtung ausge-schaltet.

Beim Candle-light hat schließlich der Berger Jonny, den wo wir eigens von Oberaudorf einjetten haben lassen, auf seiner Oldtimer-Zither »Jetzt wird's scho glei dumpa« gespielt.

Richtig geil haben sogar die Kids den Sound gefun-den.

Kurzum, das Ganze war ein Riesen-Event und ich bin immer wieder richtig happy, wenn uns einmal ein solches Highlight wie der Abend glückt.

Da kann man nämlich auch noch in unsere Tag' live erleben, dass wir halt doch grad um die Christmas-Zeit rum immer noch unser schönes, altes Brauch-tum hochhalten.

Die Weihnachtsfeiervorbereitung

Rechtzeitig zum Sommeranfang fand auch dieses Jahr wieder im Nobelrestaurant Kaiser im kleinen Vorstandskreis der führenden Computerfirma »Art Soft« die Vorbesprechung für die diesjährige Weihnachtsfeier statt. Herr Dr. Knut Klawuttke war mit der Organisation beauftragt.

»Ich darf Sie«, verkündete er einleitend, »den sehr geehrten Herrn Kollegen von Düringshofen, ebenso herzlich begrüßen wie Sie, lieber Herr Müller-Menterschweige. Ich glaube, wir sollten zunächst einmal, äh, wenn ich so sagen darf, Systemkritik an unserer letztjährigen Weihnachtsfeier üben. Ich darf Sie bitten mir ganz ungeschützt zu sagen, wenn Ihnen etwas nicht gefallen hat.«

»Nö, nö«, meinte Herr Müller-Menterschweige, »da gibt's wohl im Nachhinein nicht viel einzuwenden. Erste Sahne, wenn ich so sagen darf. Habe selten so gut und viel gegessen wie an diesem Abend. Auch der Wein, exzellent. Meine Frau hat noch nie so'n gutes Dessert gegessen, sie schwärmt heute noch davon.«

»Bloß der Bärwurz«, unterbrach von Düringshofen, »bloß der Bärwurz ...«

Klawuttke schaute ihn erstaunt an. »Bärwurz? Wieso Bärwurz?«

»Ja, weil der eben nicht da war. Wir wollten doch einen Bärwurz trinken. Als Verdauungsschnaps sozusagen – und in dem ganzen Nobelrestaurant war kein Bärwurz aufzutreiben«, monierte von Düringshofen.

»Ach ja, ich entsinne mich«, lachte Müller-Menterschweige, »aber das war ja nicht so tragisch. Wir haben doch dann eine Lage Enzian nachgetrunken. Hat hervorragend geschmeckt im Übrigen, der Enzian.«

»Enzian ist kein Bärwurz«, verbesserte ihn von Düringshofen, »Enzian kommt aus dem Gebirge und der Bärwurz aus dem Bayrischen Wald. Der Bayrische Wald ist ja wohl nicht aus der Welt und deswegen ist es mir unverständlich, dass so ein Nobelrestaurant wie Kaiser keine Bärwurz hatte. Ja, aber sonst war ja alles bestens in Ordnung.«

»Kann ich also davon ausgehen«, meinte Klawuttke, »dass wir auch heuer wieder auf dieses bewährte Lokal mit seinem hervorragenden Service zurückgreifen sollen? Oder sollten wir nicht lieber mal die Lokalitäten wechseln?«

»Um Gottes willen!«, riefen alle beide wie aus einem Munde. »Der Kaiser ist erste Sahne. Vor allem, was Weihnachtsveranstaltungen anbetrifft.«

»Danke für die Zustimmung«, rief Klawuttke, »das erspart mir, dass ich ein neues Lokal suchen muss. Ich verspreche Ihnen schon heute, Herr von Düringshofen, dass ich rechtzeitig dafür sorgen werde, dass der Wirt eine Flasche Bärwurz für Sie kalt stellt. Aber mir geht es in der heutigen Sitzung mehr darum, die inhaltliche Seite des Abends zu besprechen, zum Beispiel, wie der musikalische und literarische Ablauf sein soll.«

»Ich würde sagen«, rief Müller-Menterschweige, »wir lassen das Ganze so wie im Vorjahr. Es war ja alles recht hübsch. Meiner Frau hat am besten die Geschichte gefallen, die dieser Dingsda vorgelesen hat. Können Sie sich noch daran erinnern? Dieses Streitgespräch zwischen einem Semmelknödel und einem Leberknödel. Haben wir gelacht!«

»Ha, ha, ha«, lachte jetzt auch von Düringshofen, »ich muss heute noch schmunzeln, wenn ich daran denke. Immer wenn ich einen Leberknödel esse, fällt mir die herrliche Geschichte ein. Wissen Sie eigentlich, wo man diese Geschichte finden kann, Herr Dr. Klawuttke? Ich hätte sie gerne noch einmal nachgelesen.«

»Nein, leider«, meinte Klawuttke.

»Schade«, murmelte von Düringshofen, »schade, ich hab Tränen gelacht.«

»Wissen Sie, äh«, meinte nun Klawuttke, »heuer kommt für unsere Feier etwas Problematisches dazu. Wir müssen nämlich aus einem ganz bestimmten Grund unser Programm etwas anders gestalten.«

»Anders gestalten?«, fragte Müller-Menterschweige erstaunt. »Heißt das, dass wir dieses Jahr auf die Trüffelnudeln verzichten müssen? Unter uns gesagt, ich hab noch kein Lokal gesehen, wo man so viel Trüffel auf die Nudel gerieben bekommt wie hier. Grandios, grandios.«

»Nein«, meinte Klawuttke, »ums Essen geht es nicht in erster Linie, es geht um den Inhalt der Darbietungen. Wissen Sie, ähm, wir haben ja heuer einen besonderen Gast. Unsere Firma hat einen Exklusivvertrag mit der Evangelischen Akademie abgeschlossen. Wir stellen für sie das ganze Soft- und Hardwareprogramm in der Bundesrepublik und darüber hinaus zusammen. Und da kommt unser Connection-man, der Akademiedirektor Dr. Gleiber.«

»Ja und?«, meinte Müller-Menterschweige, »was hat denn das mit den Trüffelnudeln zu tun?«

»Nichts mit den Trüffelnudeln. Ich sagte es Ihnen bereits, Herr Kollege«, beruhigte ihn Klawuttke, »es geht um den Inhalt. Vielleicht, so wurde mir bedeutet, sollten wir dieses Mal bei der Gestaltung doch ein wenig mehr auf, ähm, na, wie soll ich sagen, aufs Weihnachtliche oder, ähm, wenn Sie so wollen, Adventliche eingehen beziehungsweise zumindestens einige Gedanken darauf verwenden. Vielleicht sollten die Engelchen, die in Begleitung des Nikolauses waren, na ja, Sie wissen schon, auch etwas dezenter gekleidet sein.«

»Hat meine Frau auch schon gesagt«, monierte Müller-Menterschweige, »ich wollte ohnehin diese Anmerkung machen. Es muss ja nicht alles so transparent sein, hi, hi, hi.«

»Nu, nu, nu«, lachte von Düringshofen, »jetzt tun Sie nur nicht so. Ich fand das Ganze durchaus ästhetisch.«

»Ja«, korrigierte Müller-Menterschweige, »Ihre Frau war ja auch nicht dabei. Kommt die heuer im Übrigen mit?«

»Ja, ja«, meinte der nachdenklich. »Vielleicht haben Sie doch Recht, es war schon ein bisschen zu transparent. Muss ja nicht immer sein und vielleicht sollten wir auch auf den Tanz der Salome verzichten, obwohl das ja ein zutiefst biblisches Thema ist, wenn ich so sagen darf. Übrigens, wie hieß diese bezaubernde Stripperin doch gleich?«

»Sagen Sie bloß«, rief Müller-Menterschweige, »dass heuer dann auch die herrliche Transvestiten-Show ausfällt. Vor allem dieses großartige Solo von diesem oder dieser, na, man weiß ja nicht so genau, wie hieß er oder sie denn gleich wieder, mit dieser Arie aus der ›Fledermaus‹?«

»Nee, nee, das geht natürlich nicht«, rief Klawuttke, »außerdem nennt sich die Olivia inzwischen wieder Oliver und tritt als große Sensation auf. Sie ist nämlich jetzt als transvestierter Transvestit tätig und singt wieder Männerrollen, beziehungsweise er oder was oder wie. Man weiß ja nicht so genau.«

»Oh je«, murmelte darauf Müller-Menterschweige, »dann wird die Luft langsam dünn. Nur gut, dass das mit den Nudeln und den Trüffeln bleibt.«

»Und dass der Wirt Bärwurz hat«, warf von Düringshofen ein. »Müsste ja leicht noch möglich sein, in ein paar Monaten ein paar Flaschen aus dem Bayrischen Wald einjetten zu lassen.«

»Es bleibt nun allerdings nicht recht viel vom Vorjahresprogramm übrig«, klagte Klawuttke. »Sie haben das schon richtig gesehen. Ich könnte mir lediglich vorstellen, dass die Mini-Playback-Show, die voriges Jahr so gut angekommen ist, auch heuer wieder über die Bühne gehen kann. Wird ja nun unser Akademiedirektorchen nichts dagegen einwenden können. Waren ja durchaus harmlose Lieder, die die Kleinen hier gesungen haben. – Nicht gesungen, sie haben sich ja nur zur Musik bewegt. Sehr eindrucksvoll, wie die kleine Achtjährige diese Madonna nachempfunden hat und der Bub mit seinen knapp zehn Jahren den Michael Jackson geradezu gedoubelt hat.«

»Wie wär's denn«, schlug von Düringshofen vor, »wenn wir dieses Mal die Kinder, sie sind ja nur ein Jahr älter geworden, etwas mehr weihnachtlich einsetzen könnten? Es müsste doch mit dem Teufel zugehen, wenn wir nicht irgendwelche traditionelleren Lieder nehmen könnten. Wie wär's denn mit dem Ententanz?«

»Nein«, warf Klawuttke ein, »das ist doch auch nichts Weihnachtliches. Aber die Idee ist gar nicht schlecht, so ein hübsches Weihnachtslied wie ›Jetzt wird's scho glei dumpa‹ oder ›Stille Nacht‹ als Mini-Playback. Ich müsste gleich mal die Managerin der Kids anrufen, ob die das noch hinbringt in den paar Monaten.«

»Ich hätte auch noch einen Programmpunkt«, schlug Müller-Menterschweige vor, »nämlich Traditionelles, Bodenständiges. Unser Vorstandsvorsitzender, Dr. Westfalen, hat mich sogar gebeten Ihnen diesen Vorschlag zu machen. Er hat doch jetzt in dritter Ehe eine echte Bayerin, die Theres Eidbichler, geheiratet. Die Mutter von der, also seine neue

Schwiegermutter, ist eine angesehene Heimatdichterin. Herr Dr. Westfalen hat mir im Übrigen einige Texte dieser Dame mitgegeben um sie hier zur Begutachtung vorzulegen. Wäre natürlich eine großartige Geste und Westfalen scheint einiges daran zu liegen, dass wir hier seine Schwiegermutter einplanen könnten. Ich verstehe zwar nicht viel von der bayrischen Sprache, aber ich finde diese Verse ungeheuer urig. So richtig naiv-lyrisch. Ich habe in der Hoffnung, dass Sie diesem Gedanken wohlwollend gegenüberstehen, gleich eine Interpretin mitgebracht, da ja ich nicht so ulkig wie echte Bayern vorlesen kann. Draußen wartet die bekannte Volksschauspielerin Ilka Krautsieder-Hühnermund. Darf ich sie reinholen?«

»Selbstverständlich«, rief Klawuttke.

Die Dame betrat den Raum, zog ein paar handgeschriebene Blätter aus der Tasche und begann zu lesen:

»Mei' Löwenzahn.

In mein' klein' Häuserl hinten dro,
do hab i a kloans Garterl no.
Ich sag's ganz ehrlich, dieses Stück
bedeut' für mich as große Glück.
Es macht zu jeder Jahreszeit,
is' auch ganz winzig, 's Herz mir weit.
Ihr werds es glauben net ganz gwiss,
a Löwenzahn mei Liebling is.

28

Mir hat's ganz bsonders angetan
der wunderschöne Löwenzahn,
den in mein' Garterl, gelb wie d' Sonn,
i jedes Jahr entdecken konn.
Er leucht' jedoch bloß kurze Zeit.
Schon falln – es is ganz schnell so weit –
die gelben Blütenblattln dann
und schon sind kloane Fallschirm' dran.
Die fliagn durch d' Luft beim kleansten Hauch.
Ach, wär ein Löwenzahn ich auch.
Dann tät i gelb a bisserl blüahn
und könnt dann wira Fallschirm fliagn.«

»Hm, na ja, sehr originell und – Sie sagten es schon –
urig vor allem«, hüstelte Dr. Klawuttke etwas verlegen, »aber, na ja, Löwenzahn und Weihnachtsfeier,
da müssten wir vielleicht schon doch noch zumindest künstlich irgendeine Brücke schlagen. Hm, ich
könnte mir vorstellen, dass wir über den gelben Stern
zum Stern von Bethlehem …«

»Wie war denn das voriges Jahr mit den Leber-
knödeln und den Semmelknödeln?«, fragte von Düringshofen. »Da ist ja eigentlich auf den ersten Blick
auch nicht unbedingt ein großartiger Bezug zum
Weihnachtsfest herzustellen. Ich kann mich aber erinnern, dass das Ganze doch recht harmonisch einge-
baut war.«

»Vor allem war's lustig«, prustete jetzt Müller-
Menterschweige los, »ich hätt mich wirklich kugeln
können. Wie ein Leberknödel. Oder sollt ich besser

sagen wie ein Semmelknödel«, lachte er, »um bei dem schwierigen Vergleich zu bleiben.«

»Ich hätt die Geschichte ja zu gern irgendwo einmal nachgelesen«, unterbrach von Düringshofen. »Ist sie wirklich noch nirgends erschienen? – Schade bloß, dass es an dem Abend keinen Bärwurz gab.«

»Moment«, rief Müller-Menterschweige, »da fällt mir ein, die Schwiegermutter unseres Vorstandes hat ein ganz reizendes Gedicht über die, äh, Bärwurz – nein, Entschuldigung, über die Hauswurz gemacht. Wenn es Ihnen nichts ausmacht, lass ich es wieder von der Volksschauspielerin Ilka Krautsieder-Hühnermund vorlesen.«

Frau Krautsieder-Hühnermund las:

> »I sag's grad heraus, mei Garterl is
> für mich a kloanes Paradies.
> Drin wachsen, wia kann's anders sein,
> vui schöne Pflanzen wunderfein,
> doch i, i hab a Liebligsgwachs,
> i sag's ganz ehrlich ohne Flachs,
> des is die Hauswurz ganz alloa,
> de ganz bescheidn wachst am Stoa.
> Is' aa für manche unscheinbar,
> die Hauswurz is mei bsondrer Star
> mit ihre dicken Blatteln und
> vor allem ist die Hauswurz gsund ...«

Klawuttke unterbrach: »Alles wunderschön, aber sagen Sie mal, ist das auch irgendwie für die Weih-

30

nachtslesung zu gebrauchen? Ich weiß nicht so recht.«

»Kein Grund zur Panik«, rief Müller-Menterschweige, »Frau Krautsieder-Hühnermund hat auch etwas Winterliches parat. Moment bitte.«

Die Schauspielerin trat wieder nach vorn um zu deklamieren:

»Zwergerl im Winter.

Im Garterl hat's a Schneewerl gschneibt.
I hab mich gfreut, dass' liegen bleibt.
Und hab draus baut a kloanes Bergerl.
Und auf des hab i gstellt a Zwergerl.
Da steht's jetzt drobn auf dem Gipfel
mit seinem lustig roten Zipfel-
mützerl auf seim Kopf, dem süaßn.
Mei Zwerg lasst auch im Winter grüaßn.
Drum, Leut, machts auch grad wia des Wichterl
trotz kalte Füaß' a frohes Gsichterl!«

Jetzt blieb also den Beteiligten gar nichts anderes übrig als aus Sympathie zum Vorstandsvorsitzenden Beifall zu klatschen.

»Ja«, meinte Klawuttke, »so etwas könnte man durchaus zu einem bestimmten Zeitpunkt vortragen.«

»Da wäre noch ein weiteres Gedicht, das sich meines Erachtens gut eignen würde«, rief Müller-Menterschweige.

Und wieder kam Frau Krautsieder-Hühnermund
nach vorne und begann zu rezitieren:

»Mei' Tannabaum.

Es steht, zum übersehen kaum,
im Garten drin mei' Tannenbaum.
Er steht scho dort seit Jahr und Tag.
Und i gib zua, dass i eahm mag,
net bloß, wenn er voll Zapfen hängt,
die wo als Putzküah er mir schenkt.
I mal sie gold und silbern an
und häng sie an den Christbaum dann.
Die Zapfen sind, Leut, glaubts es mir,
fürn Christbaum a ganz bsondre Zier.
Net bloß als Putzküahlieferant
hat er bei mir an bsondern Stand.
Mei' Tannabaum is ohne Faxn
als guater Freund ans Herz mir gwachsn.
So hat er doppelt seinen Ort
im Garterl und mein' Herzerl dort.«

»Wow«, riefen alle Beteiligten.

Und Klawuttke fügte hinzu: »Mit diesen Gedichten können wir schon einen großen Teil der Weihnachtsfeier bestreiten, zumal ja Wortbeiträge nicht
unbedingt den ganzen Abend ausfüllen müssen. Es
braucht ja nicht beim Ohrenschmaus zu bleiben, da
gibt es noch den Augenschmaus, vor allem aber den
Gaumenschmaus.«

»Das war ja voriges Jahr wirklich exzellent, exzellent«, rief von Düringshofen. »Apropos Gaumenschmaus, ich hab eine gute Idee. Sagen Sie einmal, äh, Frau Krautsieder-Hühnermund, sie sind doch eine viel beschäftigte Schauspielerin mit einem enorm großen Trottoir – äh, ich wollte sagen Repertoire –, sagen Sie einmal, ist Ihnen bisher nicht einmal jenes entzückende Gedicht untergekommen, wo ein Leberknödel mit einem Semmelknödel in eine – wie soll ich sagen – Diskussion beziehungsweise ein Streitgespräch gerät.«

»Doch, doch«, meinte Frau Krautsieder-Hühnermund, trat nach vorne und begann zu deklamieren:

»Zwoa Knödl san hart z'sammagsteßn
im Wirtshaus nach'm Mittagessen.
Zwoa (scho abkocht) treffen sich
im Topf drin in der Wirtshausküch.
Bloß findns' aneinand koan Spaß,
sie warn net von der gleichn Rass.
Der oa war braun, der ander heller,
vom Kessel kommans' aufn Teller.
Da landns' auf am hölzern Brettl,
der Semmel- und der Leberknödl.
Und grad a so wie oft die Leut
kemman aa d' Knödl zu am Streit,
weil jeder eibuid se ganz wichtig,
bloß er hätt Recht und er waar richtig.«

»Herrlich, herrlich«, unterbrach sie Müller-Menter-schweige, »genauso war's. Entschuldigung, wenn es die anderen Herren nicht sehr störte, hätte ich gerne noch die Fortsetzung gehört, vorausgesetzt natürlich, dass Frau Krautsieder-Hühnermund noch weiter-weiß.«

»Selbstverständlich«, meinte die und fuhr fort:

>»Da Semmelknödl z'reißt se glei
mit vollem Dampf sei freches Mei:
›Da brauchst fei an Humor, an guatn,
was' unseroans net alls zuamuatn.
Da klatschens' dir, ganz ekelhaft,
an so an Kerl in d' Nachbarschaft.‹
Dann legt er no, so grob er ko,
den Leberknödl richtig o:
›Sag amal, bist jetzt du so dreckig
oder bloß schiach und leberfleckig?‹
Natürlich hat, so schwer beleidigt,
der ander sich aa glei verteidigt:
›Du hast as nötig, dummer Hund,
bist net amal anständig rund,
schaugst aus als wiar am Wirt sei Glatzn,
du selten blöder, blasser Batzn!‹«

Die Akteurin wurde ständig durch das Kichern von Müller-Menterschweige unterbrochen. »Herrlich, herrlich, herrlich«, rief er immer wieder dazwischen, »ja, das ist echter bayerischer Humor. Bitte, sagen Sie uns noch ein paar Zeilen von diesem Meisterwerk der Mundartliteratur auf.«

»Gerne«, meinte Ilka Krautsieder-Hühnermund und fuhr fort:

»Ja eahm schaugts o, nennt mi der blass,
du pockennarbigs Aushilfsgfrass,
du durchedraater Knorpelspeicher,
du Salmonellen-Suppenschleicher,
du majoranverpatzter Gauner,
aufkochter Rossbollen, du brauner.‹
Des treibt den Leberknödl 'nauf,
drum schreit er zruck: ›Du gell, pass auf,
dass i dir dei frechs Maul net stopf,
du selber gstrickter Wasserkopf,
umsonst bist du net übrig bliebn,
du schaugst ja aus wie dreimal gspiebn
und wieder z'sammgscharrt zum Vergleich,
du ausrangierte Wasserleich,
wiast ausschaugst, so pfui deifi schmeckst.
A Semmeknödl, ja mi leckst!‹«

»Mein Gott, mein Gott«, rief Müller-Menterschweige, der sich vor Lachen kaum mehr halten konnte,
»›selber gestrickter Wasserkopf, ausrangierte Wasserleich‹, das muss ich mir merken.«

»Meinen Sie«, fragte von Düringshofen nun Frau
Krautsieder-Hühnermund, »dass ich das Gedicht irgendwann einmal schriftlich bekommen könnte?«

»Ja, ich weiß nicht genau«, überlegte die, »wo habe ich das bloß gelesen? Ich weiß nur, dass ich es von meiner Nichte habe, die studiert bei Professor Dietz-Jens Klose, der den Lehrstuhl für Bayerische Literatur an der Universität hat. Der hat das Gedicht dort durchgenommen. Ich weiß nicht einmal, von wem es genau stammt.«

»Aber sie könnten mir doch eine Fotokopie zukommen lassen«, rief von Düringshofen, »darf ich Ihnen mal meine Faxnummer geben? Ich muss meine ganzen Freunde mit diesem herrlichen Poem beliefern. Ich glaube, das Gedicht geht aber noch weiter, oder?«

»Selbstverständlich«, sagte Frau Krautsieder-Hühnermund und fuhr fort:

> »Da fahrt der Semmelknödl hoch
> und plärrt: ›Du Missgeburt vom Koch,
> woaßt, wo dei braune Farb herkimmt?
> De kimmt vom Kuchlmensch bestimmt,
> de wascht se nämlich nia die Bratzn,
> bevors' an Toag duat z'sammabatzn.
> Da kommt aa her dei graue Rass.
> Und jetzt sag nomal, i waar blass.‹
> ›Du bist und bleibst a blasser Schlampn
> mit deiner fadn Semmewampn,
> du wasserpanschter Soßnbrocka,
> du überbliebner Brettlhocker.
> Drum hams' di aa herin vergessen,
> di mecht der Hundertste net fressn.‹
> ›Und di frisst net amal a Katz,
> höchstens im Tonnenhaus a Ratz.‹«

»»Wasserpanschter Soßnbrocka««, rief Müller-Menterschweige, »»wasserpanschter Soßnbrocka‹, das
muss ich mir gleich aufschreiben. Mein Gott, sind
die Bayern urig. Ich glaube, das Geschichtchen geht
ganz lustig aus, nicht wahr, Frau Krautsieder-Hühnermund? Wenn wir das Happy End noch hören
könnten?«

»Selbstverständlich«, meinte die:

»So putzt der oa den andern abe.
Da kommt die Wirtin mit der Gabe'.
Zwoa letzte Gäst' san grad auf taucht.
Für de wern de zwoa Knödl 'braucht.
Umsonst war Eifersucht und Zorn.
De zwoa san einfach gfressn wordn.
Die Gäste ham se d' Lippen gschleckt:
›Guat war's, Frau Wirtin, guat hat's gschmeckt.‹«

»Mein Gott, mein Gott«, rief Müller-Menterschweige vor Lachen schier berstend. »Mein Gott, war das
ein Vergnügen. Das Geschichtchen könnte ich immer und immer wieder hören. Meinen Sie nicht, dass
es doch eine Möglichkeit gäbe, es bei der diesjährigen
Weihnachtsfeier wieder zu integrieren? Irgendwie
müssten wir doch – wenn schon dieser Dingsda, dieser evangelische Akademiedirektor da ist – irgendei-
nen weihnachtlichen Bezug herstellen können. Gibt
es denn gar keine Legende um die Weihnachtszeit
herum, wo ein Knödel vorkommt?«

Die Anwesenden dachten angestrengt nach.

»War da nicht vielleicht was mit den Heiligen Drei Königen, beispielsweise, dass einer statt Weihrauch und Myrrhe ein Schmankerl, sagen wir mal einen, na ja, Sesamknödel gebracht haben könnte?«, fragte Müller-Menterschweige.

»Keine schlechte Idee«, rief von Düringshofen, »man weiß ja ohnehin nicht, ob nicht noch irgendwann einmal ein neues Evangelium auftaucht. Denken Sie an Qumran, ich hab da neulich ganz interessante Dinge gelesen. Im Übrigen kenne ich einen Archäologen sehr gut, ein Bruder des Mannes meiner ersten Frau, der hat da drüber schon einiges ausgegraben. Mit dem müsste ich einfach mal reden. Notfalls könnte man ja nachforschen«, lachte von Düringshofen, »erfinden wir halt ein Hieroglyphenzeichen für Knödel. Lassen Sie mich das mal machen.«

»Mein Gott«, rief Klawuttke, »das ist wirklich eine großartige Idee. Ich hab nämlich ganz vergessen, dass in diesem Jahr einer unserer wichtigsten Kunden, Konsul Gotthard, da ist.«

»Das ist doch der Besitzer der Toffi-Knödel-Werke«, sagte Müller-Menterschweige erstaunt. »Natürlich, Konsul Gotthard. Wenn wir es schaffen könnten, seine Produkte in den Mittelpunkt unserer Weihnachtsfeier zu stellen, das wäre wirklich der Clou. Das wird eine echte Herausforderung für den Kaiser werden, was die Dekoration anbetrifft. Aber, wie ich den kenne, macht er das glänzend und hängt anstelle der Christbaumkugeln die verschiedenartigsten Toffi-Knödel-Klöße an den Baum.«

»Dann bleibt auch sicher noch ein wenig Platz für ein paar kleine Fläschchen Bärwurz«, lachte von Düringshofen, »und wenn das der Fall ist, dann wird die Weihnachtsfeier im wahrsten Sinne des Wortes eine runde Angelegenheit.«

Die neue Weihnachtstombola

Also, unser neuer Vorstand, der hat, da kann man sagen, was man will, wenigstens gescheite Einfälle und bringt wieder ein bisserl Leben in den müden Laden. Beispielsweise in unserer Weihnachtsfeier. Jahrelang war das immer desselbe bei der Christbaumversteigerung. Ich geb ja gern zu: Die Gans, die ich vor zwei Jahr' ersteigert hab, war wirklich pfundig, echt körndlgefüttert. Wenn ich an den knusprigen Braten denk, läuft mir heut noch das Wasser im Mund zusammen. Und das niederbayrische Bauerngselchte vom vorigen Jahr – einsame Spitze. Nicht einmal bis Dreikönig hat es hergehalten. Und, ja, nicht zum Vergessen die Stollen, die der Bäcker Eberl gestiftet hat. Die waren auch nicht zum Verachten. Das Rezept hat sein Vater übrigens schon von seinem Vater übernommen. Na ja, aber jedes Jahr war das halt immer wieder desselbe.

Und jetzt kommt die Mords-Idee vom neuen Vorstand: Jetzt passen Sie auf: Der steckt die Lose, Gewinne und Nieten einfach in Christbaumkugeln hinein, hängt sie an den großen Vereins-Christbaum im Festsaal. Und auf die Kugeln dürfen dann die Vereinsbrüder und -schwestern von einer angemessenen Entfernung aus mit einer Luftdruckpistole zielen. Pro Schuss ein Zwanziger. Ist das nicht eine geniale Idee, dass man Sport und christliche Tradition so harmonisch unter einen Hut bringt? Und der neue Vorstand hat auch endlich mit dem, wenn ich

so sagen darf, rein materialistischen Denken gebro-
chen, indem wir lediglich Fressalien als Preise angeboten haben. Einmal ganz ehrlich gesagt: Was hat
denn unser schönes Weihnachtsfest wirklich mit einer Mastgans oder einem Bauerngselchten zu tun?
Da denkt der neue Vorstand schon ideeller. Wenn
Sie es nicht verraten, dann sag ich Ihnen den diesjährigen Hauptpreis von unserer Christmas-Shooting-
Tombola: Das ist ein Gutschein für einen Auftritt
von einer original istanbulischen Bauchtänzerin.

Igerl und das Wintergedicht

Angefangen hatte die Geschichte damit, dass sich der Alfons wieder einmal etwas über den Pfanzelt Maxe geärgert hatte. Obwohl die Stammtischspezln im Volkarteck noch nach einem vorsintflutlichen Tarif spielten, nämlich fünf Pfennig pro verlorenes Spiel, hatte der Alfons an diesem Abend beim Kartenspielen sage und schreibe zwei Mark fünfundsiebzig verloren und der Pfanzelt Maxe war einsamer Sieger geworden.

Nun weiß jeder, der mit den Künsten des Wattens einigermaßen vertraut ist, dass es alles andere als ehrenrührig ist, wenn man dabei »bescheißt«, vornehmer ausgedrückt, nicht ganz regulär spielt. Man kann sich einen »Kritischen« – wie bekanntlich die Trümpfe bei diesem Spiel heißen – herausmischen oder einen solchen vom vorigen Spiel unauffällig irgendwo verstecken. Nur eines ist wichtig: Man darf sich nicht erwischen lassen, sonst wird man zwei Punkte gestraft.

Der Alfons hatte es zwar auch ein paar Mal versucht, sich den »Maxe« und den »Belle« oder den »Soacher« auf illegale Weise zu besorgen, aber der Pfanzelt Maxe hatte ihm immer auf die Finger geklopft und grinsend verkündet: »Zwei gstraft, ich hab's genau gsehn!« Der so erfolgreiche Pfanzelt Maxe sparte dann auch nicht mit höhnischen und spitzen Bemerkungen über die Spielkunst des Alfons und meinte am Ende sogar noch: »Alfons, wie wär's, wenn wir des nächste Mal doch wieder ›Schwarzer Peter‹ spielen, das war nämlich, soweit ich mich zurückerinnern kann, vor rund sechzig Jahren das letzte Spiel, das du gegen mich gewonnen hast.«

Wer den Alfons Igerl kennt, weiß, dass dieser zwar ein durchaus duldsamer Mensch ist. Aber wenn bei ihm einmal die Leidensgrenze überschritten wird beziehungsweise, wie man das heute nennt, die Frustrationstoleranz nicht mehr ausreicht, dann denkt er sich in der Regel etwas aus um sich zu revanchieren. Diesmal kam ihm bei seinem Racheplan zu Hilfe, dass ihn sein Cousin, der Manzenrieder Helmut, der bei der Kripo im Falschspielerdezernat gearbeitet hatte, aber schon längst im Ruhestand war, für drei Tage besuchte. Der Manzenrieder war ein zünftiges Haus und der Alfons sprach mit ihm seinen kleinen Revancheschlag ab.

»Was ist«, fragte der Alfons beim nächsten Stammtisch den Pfanzelt Maxe, »gibst mir heut eine Revanche im Kartenspielen?«

»Eine Revanche möchtest haben?«, grinste der Pfanzelt Maxe. »Warum? Hast die Schwarz-Peter-Karten mitgebracht? Du wirst es doch nicht noch mal im Wattn probiern wollen, es sei denn, du hast im Lotto gewonnen, damit du deine Spielschulden begleichen kannst! Ansonsten kannst heuer deiner Schwester, der Ida Maria, nix auf Weihnachten kaufen, obwohl die«, fügte er boshaft hinzu, »von deine Gschenke bestimmt nicht verwöhnt ist.«

»Geh, red nicht so gscheit daher«, raunzte der Igerl Alfons, zog ein Kartenspiel aus der Tasche und begann es eilig zu mischen. »Da, heb ab!«

Der Maxe hob ab und hielt seinen Namensvetter, den Herzkönig, in der Hand. »Ich hab dich gewarnt«, kicherte er, »aber du kannst immer noch zurücktreten! Wollen wir nicht doch lieber ›Schwarzer Peter‹ …?«

»Nix da!«, schimpfte der Alfons. »Im Übrigen weißt du ganz genau, die ersten Gwinner haut man auf die Finger!«

Dem war aber nicht so und der Pfanzelt Maxe kassierte bereits nach der ersten halben Stunde fast fünfzig Pfennig.

Auf einmal trat ein Mann an den Tisch der Watterer und schaute sie zunächst einmal schweigend an, meinte dann aber: »Meine Herren, ich hab Sie schon eine Zeit lang beobachtet. Wissen Sie eigentlich, dass Sie hier ein Glücksspiel spielen und sich damit straffällig machen?«

Der Pfanzelt Maxe schaute ungläubig, der Alfons aber erwiderte: »Was, ein Glücksspiel soll das sein? Wattn? Das ist mir neu. Da hab ich noch nie was davon gehört! Außerdem, was geht das eigentlich Sie an?«

»Das kann ich Ihnen schon sagen«, antwortete der. »Ich bin vom Falschspielerdezernat und hab Sie da aus der Ecke schon lange Zeit beobachtet. Im Übrigen«, meinte er zum Pfanzelt Maxe gewandt, »muss ich Ihnen leider sagen, dass Sie nicht nur ein

Glücksspiel spielen, sondern auch ein Falschspieler sind.«

Der Pfanzelt Maxe wusste nicht, wie ihm geschah; also das war ihm in seinem ganzen Leben noch nie passiert!

»Ja, wenn Sie mir nicht glauben!«, rief der fremde Herr und zog irgendeine Marke heraus.

Man weiß, dass in unserem Lande irgendwelche Ausweise und Marken, gleich, ob sie offiziell und amtlich sind oder ob es sich um eine Garderobenmarke handelt, keiner genau anschaut, aber fast alle einen Heidenschreck bekommen und kleinlaut werden. So ging es auch dem Pfanzelt Maxe. Also rechtfertigte er sich: »Ich hab wirklich nicht gewusst, dass Wattn zu den Glücksspielen zählt. Und falsch spielen, also so kann man das bestimmt nicht bezeichnen, wissen Sie, beim Wattn darf man ein bisserl besch…, ich meine natürlich schummeln, das ghört dazu!«

»Ja, Sie sind gut!«, meinte der Herr ganz ernst. »Wo kämen wir denn da hin? Sie werden es mir bestimmt nicht verwehren, meine Herren, wenn ich jetzt zunächst mal Ihre Personalien aufnehme. Können Sie sich ausweisen?«

Der Alfons Igerl zog seinen Personalausweis heraus, der Pfanzelt Maxe kramte erfolglos in seiner Tasche und stotterte dann: »Entschuldigung, aber ich hab heut leider meinen Ausweis zu Hause gelassen, weil ich hab ja nicht gewusst, wissen Sie, ich wohn ja nur ein paar Meter von da und da nehm ich nicht immer …«

»Das darf ja nicht wahr sein!«, rief jetzt der Herr. »Sie wissen doch, dass jeder Bundesbürger Ausweispflicht hat! Das kostet Sie natürlich eine Strafe. Aber wie soll ich Sie nun identifizieren? – Ist Ihnen dieser Herr hier bekannt?«, wandte er sich an den Alfons Igerl.

»Ja, selbstverständlich, das ist der Pfanzelt Maxe, ich meine, der Maximilian Pfanzelt.«

»Können Sie sich für ihn verbürgen?«, fragte ihn der Mann.

»Ja, ja, selbstverständlich. Das ist ein alter Freund und Spezi von mir. Er wohnt im Übrigen wirklich nur ein paar Meter weg, in der Bothmerstraße 18.«

»Na gut«, meinte der Kriminalbeamte, »wenn sich dieser Herr da für Sie verbürgt, Herr … äh, Pfanderl …«

»Pfanzelt«, verbesserte ihn der Pfanzelt Maxe.

»Also gut, wenn sich dieser Herr für Sie verbürgt, geb ich Ihnen jetzt die Chance Ihren Ausweis zu holen. Ich warte inzwischen hier. Ich hab ja diesen anderen Herrn Igel …«

Meinte der Alfons: »Alfons Igerl heiß ich!«

»… also gut, diesen Herrn Igerl inzwischen als Pfand da.«

»Danke schön«, meinte der Pfanzelt Maxe kleinlaut und machte sich willfährig auf den Weg in die Bothmerstraße.

Als er nach zehn Minuten mit dem Ausweis in der Hand zurückkam, sah er zu seinem Erstaunen den Alfons und den Mann bei einer Halben Bier Karten spielen. »Hock dich her!«, rief der Alfons. »Dann können wir einen Dreierwatt spieln! Darf ich dir übrigens meinen Cousin vorstellen, den Manzenrieder Helmut? Der war lange Zeit wirklich bei der Kripo und im Falschspielerdezernat. Also wenn du dich traust gegen den anzutreten, der, mein ich, hat noch mehr Tricks drauf wie du!«

Das war also der Anlass gewesen, dass der Pfanzelt Maxe nun seinerseits wieder auf Rache sann. Der Revancheplan reifte, als ihm seine Nichte Sabine, die an der Münchner Universität studierte, einmal ganz beiläufig erzählte, dass sie bei einem gewissen Professor Dietz-Jens Klose eine Seminararbeit schreiben müsse. »Weißt du«, lachte sie, »der Dietz-Jens hat bei uns den Lehrstuhl für Bayerische Literatur, stell dir das vor, Onkel Maxe, obwohl der ein Preuß ist, wie er im Buch steht.«

»Ach, nein«, meinte der Pfanzelt Maxe. »Sabine, das glaubst doch selber nicht, auf dem Lehrstuhl für Bayerische Literatur ein Preuß? Ja, wer hat denn den nach München geholt?«

»Das wissen wir selber nicht«, meinte die Sabine.

»Ja, kann er denn wenigstens ein bisserl Bayerisch?«, fragte der Onkel neugierig.

»Der und Bayerisch?«, lachte die Sabine. »Da lernt eher ein Papagei Kraulschwimmen, wie dass der einmal einen bayerischen Satz rausbringt. – Und jetzt stell dir vor, Onkel Maxe, dieser Dietz-Jens, der hat natürlich immer ein schlechtes Gewissen in Sachen bayerischer Kultur und jetzt hat er zu einem großen Dichterwettbewerb aufgerufen. Komischerweise hat er, das hab ich in Erfahrung gebracht, auch schon eine Menge Sponsoren dafür gewonnen und es gibt schöne Preise. Eine große Reise kann man gewinnen! Hast nicht grad ein Gedicht, Onkel Maxe, das ich bei dem Wettbewerb vortragen könnt?«, fragte die Sabine.

»Nein, ich doch nicht«, meinte der Maxe, »da müsst ich höchstens den Alfons Igerl fragen, der macht doch immer für jede passende Gelegenheit Verserl.«

»Ach ja!«, meinte die Sabine, »den kenn ich schon! Den Igerl! Wie ich noch kleiner war, hast mich doch immer mitgenommen in den Kleingartenverein Flora und da hat der Herr Igerl immer so schöne Gedichte vorgetragen.«

»Stimmt!«

»Dann soll halt der Herr Igerl selber mitmachen. Vielleicht gewinnt er den Hauptpreis beim Dietz-Jens!«

»Geh weiter«, lachte der Maxe, »weißt du, wie alt der Igerl ist? Der kann doch da nicht als Student in Erscheinung treten!«

»Ach wo!«, rief die Sabine. »Das ist doch ein offener Wettbewerb. Jeder kann teilnehmen. Die Hauptsache ist, er schreibt ein Gedicht über den Winter!«

»Ja, da hat der Alfons garantiert einen halben Zentner davon«, lachte der Maxe. »Seit ich ihn kenn, liest der doch bei allen möglichen Altennachmittagen, bei Advents- und Weihnachtsfeiern seine Gedichte vor.«

»Ja, ja«, meinte die Sabine, »aber das muss ein ganz kritisches Gedicht sein, denn der Dietz-Jens versteht sich als ein sehr kritischer Literat. Da geht nix mit heile Welt und ›Süßer die Glocken nie klingen‹, ›Heidschi Bumbeidschi‹ und mit ›Engerl‹. Weißt, Onkel Maxe, ich bin ja auch nicht für süßliche Geschichten und Gedichte, aber der Dietz-Jens geht mir und uns anderen Studenten schon allmählich auf den Wecker, weil er halt nur das gelten lässt, was kritisch und provokant ist. Man kann alles übertreiben. Also, Onkel, wenn dir was einfällt, dann gibst mir's halt.«

Dieses Gespräch war der Anlass, dass der Pfanzelt Maxe sich bei nächster Gelegenheit an den Alfons Igerl wandte. »Du, Alfons«, meinte er, »Was hast jetzt du mit deinen schönen Gedichten schon alles für Preise gewonnen?«

»Preise?«, fragte der Alfons erstaunt zurück, »wieso soll ich Preise gewinnen?«

»Geh«, rief der Maxe, »das gehört doch auch zu einem Literaten dazu, dass man nicht einfach drauflosdichtet und draufliest und auf den Applaus wartet. So ein schöner Preis ist schon was Besonderes! Da gibt's doch bei uns den Hoferichter-Preis, den Schwabinger Literaturpreis oder den Poetentaler von den Turmschreibern.«

»Geh, Maxe«, meinte der Alfons Igerl, »das ist doch alles eine Nummer zu groß für mich. Aber vor fünf Jahren hab ich tatsächlich, das weißt du doch noch, mit meinem Frühlingsgedicht ›Servus, Lenz‹ den zweiten Platz beim Leserdichterwettbewerb vom Neuhauser Anzeiger gemacht und ein solches abstraktes Bild von einem Schwabinger Jungkünstler gewonnen!«

»Richtig«, lachte der Pfanzelt Maxe, »das Gemälde, das du gscherter Deife dann wieder eingepackt und für die Weihnachtstombola von der Flora gestiftet hast. Ich seh heut noch den Scherm Ade, wie der geschaut hat, wie er entdeckt hat, was in der Schachtel gelegn ist, die er gewonnen hat.«

»Gell, das hat ihn gfreut«, kicherte der Alfons. »Weißt du übrigens, was aus dem Bild wordn ist?«

»Klaro«, lachte der Pfanzelt Maxe. »er hat's seinem Untermieter, den er schon längst raus haben hat wollen, in sein Zimmer reingehängt und der ist dann auch prompt ausgezogen.«

»Und wo ist es jetzt?«, wollte der Alfons wissen.

»Du wirst es nicht glauben: Der Besitzer vom Neuhauser Anzeiger hat es für ein paar tausend Mark zurückgekauft, weil der Maler inzwischen recht berühmt sein soll.«

Der Alfons wusste natürlich nicht ganz, ob die Geschichte vom Pfanzelt Maxe stimmte, aber er meinte dann doch, heiter und gelassen: »Da siehst, dass man mit Preise nix wie Ärger hat.«

»So ist es auch wieder nicht«, konterte der Pfanzelt Maxe, »irgendwann einmal sollst du schon dran denken, dass du auch einmal literarisch an die Öffentlich-

keit gehst. Mach doch einfach bei dem Winterge-
dichtswettbewerb am Lehrstuhl für Bayerische Literatur mit!« Und dann erzählte er dem Alfons die nä-
heren Einzelheiten, wann dieser Dichterwettbewerb
stattfinde, dass es große Preise gebe, und so weiter
und so fort. Er verschwieg nur tunlichst, welche Art
von Wintergedichten hier von diesem Dietz-Jens
verlangt wurde.

Der Maxe kannte den Ehrgeiz von Alfons Igerl
genau und wusste, dass er nicht auf taube Ohren
stoßen würde.

Tatsächlich hockte sich der Alfons dann auch
einige Zeit später hin und begann an einem Wintergedicht zu arbeiten. Er hatte zwar schon eine ganze
Reihe davon gemacht, aber dieses Mal wollte er natürlich, dem Anlass entsprechend, etwas Neues
schaffen.

Nach ein paar Tagen kam er zum Pfanzelt Maxe
und meinte: »Ich hätte da was. Erzähl mir doch, wie
das Ganze abläuft.«

Der Pfanzelt Maxe hatte sich nun bei seiner Nichte genau kundig gemacht und konnte dem Alfons
berichten, dass die Bewerber am 10. Dezember in
den Räumen des Instituts für Germanistik in der
Schellingstraße antreten sollten.

»Meinst du, da kommen nicht zu viel?«, fragte der
Alfons schüchtern.

»Berechtigte Frage«, erwiderte der Maxe. »Meine
Nichte hat mir erzählt, dass schon über fünfhundert
Bewerberinnen und Bewerber da sind.«

»Ja, um Gottes willen, wie sollen denn die alle drankommen, wenn sie ihre Gedichte aufsagen wollen? Nehmen wir nur einmal an, ein Gedicht hat drei Minuten, drei mal fünfhundert, das sind tausendfünfhundert Minuten, das sind, tausendfünfhundert geteilt durch sechzig, Moment, da können wir den Nuller streichen, dann bleiben hundertfünfzig durch sechs, das sind jetzt …«

»Verausgab dich nicht«, unterbrach ihn der Pfanzelt Maxe. »Klar, dass das nicht geht. Deswegen hat ja der Dietz-Jens Klose eine Einschränkung machen müssen. Der Literat oder die Literatin muss in Bayern geboren sein und da hat sich die Zahl schon ganz gewaltig verringert, und wenn dann noch zu viel wären, hat er den in München gebürtigen Dichterinnen und Dichtern sogar noch einen besonderen Bonus gegeben. Du wirst sehen, da bleibt wirklich nicht viel übrig. Im Übrigen hab ich dich schon angemeldet. Zieh dich aber schön bayerisch an, richtig traditionell. Der Dietz-Jens steht auf des Urige, Echte, Gsunde, Bodenständige.«

Irgendwie war es dem Alfons, als wenn er ein leichtes hämisches Grinsen beim Pfanzelt Maxe bemerkt hätte, aber er achtete dann doch nicht genauer darauf.

»Also, reiß dich zusammen!«, rief ihm der Pfanzelt Maxe noch einmal zum Abschied zu. »Inzwischen weiß ich schon, welche Preise dass es gibt! Der erste oder zweite sind vierzehn Tage im Wellness-Hotel am Mühlbach in Bad Füssing, über das, wo sie des letzte Mal im Sonntagsfernsehen berichtet haben.«

»Ehrlich?«, fragte der Alfons Igerl erstaunt zurück. »Das hab ich gesehen! Das muss ja eine Mords-Schau sein. Herrschaftzeiten, so was tät mir gut!«

»Also dann, reiß dich zusammen!«, rief ihm der Pfanzelt Maxe nochmals zu. »Du mit deinen Fähigkeiten hast bestimmt beste Chancen. Wenn du gewinnst, kannst mich ja als Kurschatten mitnehmen«, lachte er.

Der Tag rückte näher und näher. Endlich war es dann so weit. Aber in der Nacht vom 9. auf den 10. Dezember erwischte den Alfons eine furchtbare Grippe. Trotz sofort eingenommener Hausmittel wachte er in einem völlig desolaten Zustand auf und brachte auch fast kein Wort mehr heraus. Unter Anstrengung seiner letzten Kräfte rief er den Pfanzelt Maxe an und krächzte ihm die Hiobsbotschaft ins Telefon: »Ich muss leider absagen. Kannst nicht du das für mich erledigen? Das geht doch nicht, dass man einfach nicht antritt. Geh halt für mich hin und trag das Gedicht vor. Das fällt doch niemandem auf. Die kennen weder dich noch mich.«

Das wäre nun ein sauberer Bumerang gewesen, überlegte der Pfanzelt Maxe, wenn er sich mit den Heile-Welt-Verserln vom Alfons Igerl blamieren müsste. Aber jetzt einfach absagen … Herrschaft noch mal, überlegte er, wen haben wir denn noch vom Stammtisch, dem ich einen solchen Reinfall gönnen tät?

Richtig, da fiel ihm der Scherm Ade ein. Der hatte es nämlich in diesem Jahr geschafft, ihn in den April zu schicken, indem er ihm ein fingiertes Schreiben vom Münchner Bäderreferenten zeigte, das ihm sein Schwager auf dem Computer gedruckt hatte. Und darin stand, dass er, der Pfanzelt Maxe, als der millionste Besucher des Dampfbades registriert worden sei und man ihn aus diesem Grunde bitte, sich am 2. April für eine Aufnahme im Dampfbad zur Verfügung zu stellen. Da dieselbe aber möglicherweise sogar in einen Werbeprospekt hineinkomme, ersuche man ihn, dass er vorher ein paar Mal ins Solarium gehe, damit das Foto auch was hergebe. Der Pfanzelt Maxe war tatsächlich darauf hereingefallen und am Stammtisch, der am 1. April stattfand, tief gebräunt erschienen. Da hatte ihn dann, unter dem Gelächter der anderen, der Scherm Ade über seinen Aprilstreich aufgeklärt.

Also rief der Pfanzelt Maxe tatsächlich den Scherm Ade an und erklärte ihm die ganze Geschichte und dass der Alfons seine Gedichte beim besten Willen nicht vortragen könne. Er appellierte inständig an die Stammtischsolidarität, wie er es nannte, und stellte ihm auch in Aussicht, dass der Alfons sich gewiss nicht lumpen lasse und ihm ein paar Halbe spendieren werde.

Der Ade weigerte sich zunächst, ließ sich aber dann doch von dem in solchen Angelegenheiten gewieften Pfanzelt Maxe überreden. Der Maxe verständigte den Alfons Igerl und erbot sich das Wintergedicht bei ihm abzuholen und dem Ade zu übergeben, damit der es vorlesen könne. Jetzt pressierte es aber!

Der Pfanzelt Maxe schaffte es tatsächlich, alles zu arrangieren, und um 18.00 Uhr saß dann der Scherm Ade pünktlich an dem Wettbewerbsort, einem kleinen Hörsaal in dem Gebäude der Universität. Genau dreißig Bewerberinnen und Bewerber hatten sich eingefunden. Der Professor Dietz-Jens Klose begrüßte die Anwesenden im schönsten Hochdeutsch. Dann legten sie der Reihe nach los. Der Ade registrierte natürlich sofort, dass hauptsächlich jüngere Bewerberinnen und Bewerber antraten und er sicher mit Abstand der älteste war. In der Eile hatte er das Gedicht vom Alfons gar nicht mehr durchlesen können. Aber er war ja ein geübter Rezitator und war erst gegen Ende der Lesung eingeteilt.

Mit Erstaunen stellte er nun fest, was sich die anderen Dichterinnen und Dichter zum Thema ›Winter‹ hatten einfallen lassen. Der eine startete in seinem Wintergedicht eine harte Attacke auf die Energiewirtschaft des Landes, die nächste nahm die Tatsache, dass man im Winter immer noch Pelzmäntel und Pelzmützen sehe, zum Anlass gegen die Unsitte der Pelzbekleidung zu protestieren, wieder ein anderer prangerte die Unzeitgemäßheit bestimmter weihnachtlicher Bräuche an und so weiter und so fort.

Da, glaub ich, bin ich nicht am richtigen Dampfer, überlegte sich der Ade, denn er konnte sich nicht vorstellen, dass das Alfons-Gedicht auch in dieselbe Kerbe schlagen würde. Also holte er sich den Beitrag nun doch aus dem Kuvert heraus. Ja, Herrschaftzeiten, das Manuskript ist ja handschriftlich, und das bei der bekanntermaßen nur schwer zu entziffernden Schrift des Alfons! Aber kaum dass er Zeit gefunden hatte das Ganze zu überfliegen, war er auch schon dran. Was blieb ihm jetzt anderes übrig, als, so gut es halt ging, abzulesen.

Die Überschrift konnte er gerade noch entziffern. Und so begann er zu lesen:

»Winters Freud und Leid. Jetzt zieht der Winter ein ins Land, – mei, hat da der a Schrift beinand«, murmelte er vor sich hin. »Wir spüren seine kalten Boten.« Und wieder raunzte der Ade leise: »Verflixt, hat der vielleicht a Pfotn. – Eiszapfen schickt er, Frost und Harsch. – Sacklzement, mi leckst am Arsch«, entfuhr es ihm leise. »Die Flockn sich mit Flocken spielt«, und er zischelte wieder: »Schau hin, des is ja vogelwild! – Der arme Vogel leidet Not«, und leise schimpfte er: »Der Deife hol den Sapperlott. – Wie ist die Winterszeit so lang.« Und jetzt konnte er wirklich nichts mehr lesen und meinte leise: »Mir langt der Schmarrn, mir platzt der Kragn.«

Oh je, das war vielleicht eine Pleite gewesen! Der Ade bekam einen roten Kopf und kriegte fast gar nicht mehr mit, was die anderen Bewerber noch vortrugen. Als der letzte gelesen hatte, wollte er sich klammheimlich davonschleichen, aber der Professor Dietz-Jens bedeutete ihm, er solle noch dableiben.

Nach einer kleinen Pause, in der ein paar nette Studentinnen und Studenten sogar Leberkäs mit Brezen servierten, verkündete dann der Lehrstuhlinhaber, dass die Entscheidung gefallen sei. »Ich darf Ihnen«, sagte er, »die drei ausgewählten Gedichte nennen. Wir haben ein Tonband mitlaufen lassen und spielen Ihnen nun die Siegergedichte vor.«

Den dritten Platz belegte ein Gedicht über die Ausbeutung der Schneeschaufler. Das zweite preisgekrönte Gedicht hatte sich mit Dopingfällen bei den letzten olympischen Winterspielen auseinander gesetzt.

Und jetzt kam das Siegergedicht. Ade glaubte seinen Ohren nicht trauen zu können, als über den Lautsprecher seine Stimme mit folgendem Gedicht zuhören war:

»Jetzt zieht der Winter ein ins Land –
mei, hat da der a Schrift beinand.
Wir spüren seine kalten Boten –
verflixt, hat der vielleicht a Pfotn.
Eiszapfen schickt er, Frost und Harsch.
Sacklzement, mi leckst am Arsch.
Die Flockn sich mit Flocken spielt.
Schau hin, des is ja vogelwild!
Der arme Vogel leidet Not.
Der Deife hol den Sapperlot.

Wie ist die Winterszeit so lang.
Mir langt der Schmarrn, mir platzt der Kragn.«

Der Professor Dietz-Jens Klose begründete die Aus-
zeichnung dieses Gedichtes damit, dass es dem Dichter gelungen sei, in einer völlig neuen und originel-
len Form Traditionelles und Kritisches zu verbinden.
So etwas verdiene höchste Beachtung und sei geradezu richtungsweisend.

Am nächsten Tag besuchten dann der Pfanzelt Maxe
und der Scherm Ade den immer noch darnieder lie-
genden Alfons Igerl. Der Ade überreichte ihm eine
Urkunde, auf der stand, dass er, Alfons Igerl, den
großen Wintergedichtwettbewerb des Lehrstuhls für
Bayerische Literatur gewonnen habe.

»Gratuliere!«, riefen die beiden. »Jetzt hast endlich
einen gescheiten Preis! Zu deinem nächsten Geburtstag stiften wir dir einen gescheiten Rahmen für
die Urkunde. Aber du hast ja noch was ganz Besonderes gewonnen.«

»Etwa die vierzehn Tage Kur im Wellness-Hotel?«, wollte der Alfons mit erwartungsgespannter,
wenn auch noch schwacher Stimme hören.

»Nein, leider«, meinte der Ade, »das war der
zweite Preis.«

»Ja, und was ist dann der erste Preis? Vielleicht
drei Wochen Bad Füssing?«, fragte der Alfons.

»Nein, leider nicht. Maxe, zeig es ihm«, forderte
ihn der Ade auf.

Und dann holte der Maxe den ersten Preis herein. Es war das moderne Gemälde »Mondfinsternis im Winter«, das der Alfons schon damals vor Jahren einmal bei dem Wettbewerb des Neuhauser Anzeigers gewonnen hatte.

Der neue Christbaum

Heuer hab ich was Schönes
in der Münchner Fußgängerzone gesehn,
das Neueste, den letzten Schrei:
ein Christbaumerl ganz aus echtem Plastik,
fast einen Meter hoch, stabil, unverwüstlich,
lila Nadeln, nicht die üblichen Christbaumkugeln,
sondern lauter kleine Kunststofffiguren
aus den Walt-Disney-Filmen:
Donald Duck, Onkel Dagobert,
Micky Mouse, Goofy, Schweinchen Dick.
An der Christbaumspitze
der »Glöckner von Notre Dame«,
der vollautomatisch die Glöckerl am Baum
bimmeln lässt.
Anstatt die Kerzn als Beleuchtung
lauter kleine »Aladine« mit einer Wunderlampe
und dazu ein Haufen Nixen,
wie die Arielle mit einem feschen Bikini-Oberteil
und einem glänzenden silbernen Fischschwanz.
Das Höchste ist aber:
Wennst auf einen Knopf drückst,
hüpft der Christbaum auf und ab
im Rhythmus von dem Lied »Jingle bell«.
Zum feierlichen Höhepunkt brüllt dann der Simba,
der König der Tiere,
»Merry Christmas«.
An dem Christbaumständer
steht auch das Herkunftsland von dem Baum:

»Made in Hongkong«.
Das Allerbeste aber war,
dass der Baum ein Sonderangebot war.
Von 250 DM haben sie ihn
auf sage und schreibe 199,99 DM reduziert.
Da ist mir gar nichts anderes übrig geblieben
wie zugreifen.

Am Heiligen Abend
besucht uns immer der Onkel Hans,
der zweiter Vorstand
vom Verein für Brauchtumspflege ist.
Der lässt es sich nicht nehmen,
dass er uns jedes Jahr
die »Heilige Nacht« von Ludwig Thoma vorliest.
Das wird heuer für ihn
bestimmt eine wunderbare Überraschung,
wenn wir als Background dazu
den Hongkong-Christbaum tanzen lassen.

Igerl und die Geschenke

»Mei, bin ich froh«, murmelte Alfons Igerl vor sich
hin, als er in der sogenannten »staaden Zeit« einen
Abstecher in die Münchner Fußgängerzone machte.
»Mei, bin ich froh«, sagte er nochmals, »dass mich die
ganze Schenkerei nicht mehr juckt. Das ist halt der
Vorteil, wenn du Junggeselle und Pensionist bist, da
brauchst du dich um solche Sachen nicht mehr küm-
mern.«

Ein paar ganz kleine Ausnahmen gab es ja. Obwohl sie sich schon vor ein paar Jahren geeinigt hatten, dass einer dem anderen nichts mehr schenkt,
kam es doch zwischen ihm und seiner Schwester Ida
Maria immer noch zu einer kleinen Bescherung. Sie
ließ es sich nämlich nicht nehmen, ihn jedes Jahr neu
zu »bestricken«, gleich, ob es sich um ein paar Hand-
schuhe, ein paar Socken oder den fast schon traditionellen Pullover handelte, den er dann auch stolz
beim Eisstockschießen am Nymphenburger Kanal
seinen Freunden präsentierte, indem er im Stile eines
Exhibitionisten seinen Mantel aufknöpfte und stolz
auf das Ergebnis des monatelangen textilen Gestal-
tens seiner Schwester zeigte.

In den letzten Jahren hatte die Ida Maria sich aber
immer mehr Strickideen einfallen lassen. Ein Anzü-
gerl für seinen Schnauzer Elvis, ein Hütchen für die
Klorolle auf der Toilette und im letzten Jahr sogar etwas besonders Originelles, einen Überzug für seinen
Fernsehapparat. Auf dem stand in großen Buchsta-

ben gestickt: »No sex and crime, Alfons!« Das war also sozusagen die freiwillige Selbstkontrolle dank seiner ein paar Jahre älteren Schwester, die noch immer über seine Sitte und Moral wachte.

›Gespannt bin ich‹, überlegte er sich, ›was ihr heuer wieder einfällt. Irgendwann wäre bestimmt jetzt wieder einmal ein Schal fällig.‹ Er erinnerte sich noch gut, wann er den letzten bekommen hatte. Es war ein FC-Bayern-Schal gewesen, damals, als die Bayern den Europapokal gewonnen hatten. Aber das war ja nun schon eine ganze Reihe von Jahren her. Außerdem müsste die Ida Maria wahrscheinlich inzwischen bei der Kommerzionalisierung des FC Bayern erst um eine Genehmigung anfragen, ob sie die Vereinsfarben überhaupt verwenden dürfe.

Was ihn betraf, er hatte die Geschenke für seine Schwester längst besorgt. Sie bekam natürlich den üblichen Kalender, eine Karte für das Weihnachtsprogramm vom Zirkus Krone und ein paar neue Figuren für das wunderschöne Kripperl, das sie von den Eltern geerbt hatte. Die Schar der Hirten und Begleitpersonen, der Heiligen Drei Könige einschließlich der Tiere, die hier aus aller Herren Länder versammelt waren, war von Jahr zu Jahr größer geworden und inzwischen beanspruchte die Krippe bereits die halbe Fläche des kleinen, gemütlichen Wohnzimmers der Ida Maria. Jedes Jahr hatte es der Alfons geschafft, wieder ein paar neue Figuren zu erspähen, die sie noch nicht in ihrem Besitz hatte. Und diese waren dann eigentlich auch immer die beson-

dere Überraschung, wenn er am ersten Weihnachtsfeiertag bei ihr zum Kaffee und dem Weihnachtsstol-
len, den sie immer beim Bäcker Eberl bezog, auf-
kreuzte.

Aber ansonsten machte sich der Alfons wie gesagt
keine großen Gedanken, wenn es um Geschenke
ging. Er zitierte meistens die schöne Geschichte von
Herbert Schneider: »Am besten du gibst mir heuer
wieder einen Hunderter und ich gib dir auch wieder
einen Hunderter, weil wir uns die letzten Jahre zu
Weihnachten auch schon gegenseitig einen Hunderter gegeben haben …« Schmunzelnd erinnerte er
sich, wie er, als er einmal in der Familie seines
Stammtischfreundes Weidenzeh eingeladen worden
war, Zeuge eines nachweihnachtlichen Gespräches
wurde, das etwa so lautete: »Da schau her, Helga,
jetzt hab ich sie entdeckt, unsere Geschenke, die wir
heuer von deiner Schwester und ihrem Bruder ge-
kriegt haben. Da stehen sie alle drin im Quelle-Katalog. Siehst du, das Hemd, 32,80 DM kost's. Und die
Krawatte 19,80 DM, der Pullover gar 68,70 DM und
die Uhr 49,80 DM. Dazu kommt noch das Rasier-
waser, das Spray und Aftershave, miteinander etwa
29 DM gradaus. Und das war es dann schon, denn
Porto und Versand sind ja bekanntlich gratis. Das
macht also, Moment einmal, ich hol den Taschen-
rechner her, na immerhin – 23,80 DM haben sie
mehr ausgegeben wie voriges Jahr. Ich hab es mir
aufgeschrieben, schau her, in meinem Kalender. Jetzt
pass einmal auf, was haben wir ihnen gschenkt? Wir

haben es natürlich nicht aus dem Quelle-Katalog genommen, sondern vom Neckermann. Einen Pullover, einen Schal, der Armreif, Duschgel, Seife, Par-
fum. Jetzt wart einmal, das sind, Moment einmal,
stell dir vor, das kommt glatt hin: 5,78 DM, wenn
ich mich nicht verrechnet hab, haben wir mehr ge-
zahlt, aber wegen den knapp sechs Mark wollen wir
auch nicht kleinlich sein. Wir haben schließlich
Weihnachten und wir schenken ja von Herzen.«

In Gedanken versunken war der Alfons Igerl tra-
ditionellerweise bei seinem alten Schützenfreund,
Christoph Vogel, gelandet, der, wie jedes Jahr, hinterm Rathaus einen der schönsten Stände des Krip-
penmarktes hatte mit herrlichen Kleinodien aus
Holz. »Herrschaftzeiten«, dachte er, »da könnt ich
meiner Schwester noch eine kleine Freude machen.«
Er freute sich schon auf die Begegnung mit seinem
alten Spezl. Denn der hatte für ihn nicht nur immer
ein Glas des feinsten Glühweines, den es auf dem
Kripperlmarkt gab, parat – er braute ihn selbst nach
einem alten, überlieferten Rezept und einigen neuen
Ideen, wie er immer sagte, und gab ihn nur an seine
besten Freunde aus. Nein, der Christoph wusste
auch immer die neuesten Witze, die der Alfons dann
stolz am Stammtisch im Volkarteck weitererzählen
konnte. Die Kegelrunde wusste schon, wann er wieder auf dem Kripperlmarkt gewesen war oder auf der
Auer Dult, wo der Christoph ebenfalls seinen Stand
hatte, und harrte gespannt auf das Neueste.

Der Christoph schien schon richtig auf ihn gewartet zu haben, denn er rannte gleich mit einer Tasse Glühwein auf ihn zu und fragte auch prompt: »Du, weißt du, Alfons, was das ist: zwanzig weiß gekleidete Gestalten, die mit einer Spritze in der Hand von Baum zu Baum, von Ast zu Ast hüpfen?«

Natürlich musste der Alfons passen.

»Ha, ha«, lachte der Christoph: »Das sind zwanzig Ärzte, die Zeckenschutzimpfung machen. – Da, trink, heuer ist er wieder besonders gut«, meinte er und reichte ihm die Tasse mit einem herrlich duftenden Glühwein. »Den musst aber ganz austrinken«, animierte er den Alfons, »schnell, wenn es geht, dann wirst du was entdecken.«

Als der Alfons am Grund angelangt war, sah er, warum der Christoph seine Trinkerei kichernd verfolgt hatte. Da hatte doch dieser alte Gauner ihm wieder eine Tasse gegeben, wo es etwas zu sehen gab, was seine moralinsaure Schwester sicher mit dem Kommentar »der Saubär, der alte« versehen hätte.

»Ich schenk dir noch mal nach«, grinste der Christoph, »damit du den Anblick nicht länger ertragen musst. Was ist, Alfons«, meinte er so nebenbei, »hast du dein Wunschzetterl schon ans Christkindl gschickt? Was wünscht du dir denn heuer?«

»O mei«, gab der Alfons zurück, »da gibt es nicht viel zum wünschen. Die Hauptsach ist, dass es uns einigermaßen so geht, wie uns bisher gegangen ist.«

»Ja, das wünsch ich dir auch, aber ich wünsch dir auch noch was Besonderes«, lachte der Christoph.

»Ich hab mir heuer ein paar Wünsche für meine besten Freund' aufgeschrieben, Sachen, die ich ihnen nicht wünsch. Das sind einmal ganz bsondere Wünsch', möchtest du es hören?« Und dann las er dem Alfons kichernd vor: »Also, ich wünsch dir nicht das Durchhaltevermögen vom Harald Juhnke. Die literarischen Fähigkeiten vom Lothar Matthäus. Die deutschsprachige Klarheit vom Giovanni Trappatoni. Und das dynamische Temperament vom Rudolf Scharping.«

Der Christoph war heut wieder nicht zu bremsen.

»Apropos Wünsche«, meinte er dann, »da musst aber gut aufpassen, wenn du dir was wünschst. Da ist nämlich einem Spezl von mir neulich Folgendes passiert. Der Trögel Ludwig, wir sagen immer Lulu zu ihm, und seine Frau, die Fanny, die sind beide in dem Jahr sechzig geworden und dann haben sie sich eine Reise nach Griechenland geleistet, auf die Insel Lesbos. Da gibt es eine heiße Quelle und davor einen so genannten Wunschbaum. Das haben ihnen die Einheimischen erzählt. Der Bademeister bei der Quelle, bei der der Lulu wegen seiner beginnenden Arthritis immer für ein paar Pfennig Eintritt seine Knie hineinhalten hat, hat ihm, wie er ihm einmal ein besseres Trinkgeld gegeben hat, unter vorgehaltener Hand kundgetan, dass am Mittsommernachtstag bei der Nacht die Möglichkeit besteht, unter dem Baum einen Herzenswunsch loszuwerden. Er selber hätte schon Fälle erlebt, in denen diese Wünsche prompt erfüllt wurden. Der Lulu ist dann auch tatsächlich aus dem Schlafzimmer, wo seine Frau sich längst – wie man in Griechenland sagt – ›in Morpheus' Arme‹ begeben hatte, rausgeschlichen und mitten bei der Nacht zu dem Baum hingewandert, hat sich druntergestellt und gesagt: ›Ich wünsche mir eine Frau, die dreißig Jahre jünger ist als ich.‹ Und dann war es ihm ganz genauso, als wenn ein, wie er sich dichterisch ausgedrückt hat, Raunen und Säuseln durch das Geäst gegangen wär. Voller Erwartung ist der Lulu dann wieder zurückgegangen. Ihm ist, wie er dann später berichtet hat, lediglich aufgefallen, dass ihm der Rückweg sehr beschwerlich vorgekommen ist. Dann hat er sich neben seine Frau gelegt. In der Früh, wie er aufgewacht ist, hat er erwartungsvoll auf diese geschaut, aber die hat um keinen Deut anders ausgschaut wie in der Nacht zuvor. Auf einmal ist sie aufgewacht und hat ihn entsetzt angschaut: ›Ja, was ist denn mit dir?‹, hat sie geplärrt. – ›Was sollt denn mit mir los sein?‹ – ›Ja, schau dich doch einmal im Spiegel an.‹ – Das hat der Lulu dann auch gemacht und da ist ihm der Schreck in alle Glieder gefahren, denn er hat festgestellt, dass ihm sein Wunsch tatsächlich erfüllt wordn ist: Seine Frau ist zwar sechzig geblieben, aber er war plötzlich neunzig. – Was sagst jetzt da, Alfons?«, lachte der Christoph. »Pass auf, ich schenk dir nochmal nach, damit du nicht auf schlechte Gedanken kommst.«

Der Alfons wehrte ohne besondere innere Überzeugung ab, was aber den Christoph nicht weiter irritierte.

»Du, pass auf«, meinte Igerl nach einem kleinen Schluck, »ich hab mir vorher grad überlegt, ob ich meiner Schwester nicht doch noch eine Kleinigkeit von deinem Stand als Überraschung mitbring. Die eine Holztafel da mit dem Spruch tät mir ganz gut gefallen.«

»Die da«, meinte der Christoph und er las in einer für ihn ungewohnt feierlichen Weise vor:

> »Schaun wir aus nach am Stern,
> der uns leucht' in der Nacht,
> der uns in dem Dunkeln
> den Wegweiser macht
> und der uns vielleicht
> auch in unserer Zeit
> wie den Bethlehem-Hirten
> auf den Weg zu dir leit'.«

»Ja, das ist ein schöner Spruch«, sagte der Christoph dann, »ich weiß gar nicht genau, wo ich den her-hab.«

»Ja, und er tät ganz genau«, fiel ihm der Alfons ins Wort, »zu dem Kripperl, das die Ida Maria immer aufstellt, passen. Du weißt ja, das ist ihre besondere Leidenschaft.«

Und dann waren sie schon wieder mitten im Ge-spräch über ihre eigene Kindheit und wie das damals doch alles so anders gewesen sei. Und jeder erzählte mit leicht feuchten Augen, wie es bei der Besche-rung abgelaufen sei. Gerade in Notzeiten, so erinnerten sie sich, sei Weihnachten immer etwas ganz Besonderes gewesen, weil man sich noch über die kleinste Kleinigkeit gefreut habe und nicht alles selbstverständlich gewesen sei.

»Hast das neulich gelesen?«, fragte der Christoph den Alfons, »wie viel Prozent der Geschenke umgetauscht werden? Am besten wär's, man würde sowieso nur mehr Gutscheine schenken.«

»Ja, ja«, lachte der Alfons und dachte wieder an die Hunderter-Geschichte von Herbert Schneider.

»Ob das Christkindl seinerzeit vorausgeahnt hat«, fragte der Christoph plötzlich etwas tiefsinnig, »was es mit seiner Geburt alles ausgelöst hat? Dass vor seiner Geburtstagsfeier die hektischsten Wochen im Jahr ablaufen, die man so schön die ›staade Zeit‹ nennt, und gleich danach die Tage des Umtausches beginnen, in denen es fast genauso zugeht. – Manchmal hat man den Eindruck«, fügte der Christoph noch an, »die meisten sind in einem solchen Umtauschwahn, dass sie sich am liebsten selber gleich gegen jemand andern umtauschen täten.« Und dann zitierte er aus dem Gedächtnis ein Verserl, das er irgendwo einmal gelesen hatte:

»Wennst siehst, was' draus gmacht habn
und wie sie s' ausgschlacht habn,
die Heilige Nacht,
dann kannst oft den Verdacht habn,
dass das heilige Paar
in unsere Jahr'

halt vor Weihnachten gar
auf der Flucht vielleicht waar.«

»Ja«, meinte er schließlich, »so ist halt einmal der Zeitenlauf. Es hat sich schon einiges geändert. Und zum Beweis dafür erzähl ich dir nochmal eine kleine Gschicht: Der kleine Maxi schreibt einen Weihnachtsbrief ans Christkind: ›Liebes Christkind, ich wünsche mir von dir eine elektrische Eisenbahn. Dafür verspreche ich dir, dass ich vierzehn Tage ganz brav sein werde.‹ Kaum hat er das Brieferl geschrieben, überlegt er, dass vierzehn Tage doch eine recht lange Zeit sind. Nach einem Tag holt er den Brief wieder vom Fenster herein, zerreißt ihn und schreibt einen neuen: ›Liebes Christkind, ich wünsche mir von dir eine elektrische Eisenbahn. Dafür verspreche ich dir, dass ich acht Tage ganz brav sein werde.‹ Der Gedanke, acht Tage ganz brav sein zu müssen, beschäftigt den Maxi die nächsten Tage gewaltig. Als er auf dem Christkindlmarkt spazieren geht, hat er plötzlich eine Idee. Er nimmt sich von einem Kripperl, das er dort stehen sieht, Maria und Josef mit und schreibt dem Christkind einen neuen Brief. ›Liebes Christkind, wenn du deine Eltern wieder sehen willst, musst du mir eine elektrische Eisenbahn bringen.‹«

Da weiß der Alfons nicht, ob er lachen oder weinen soll. Er zahlt seine Holztafel und verabschiedet sich mit einem »Vergelt's Gott« von Christoph bis zur nächsten Maidult.

Jessas, mein Gott, da fällt ihm ein, für die Maria, das kleine Kind seiner Nachbarin, wollte er noch eine Kleinigkeit besorgen. Richtig, gerade war ihm doch beim Vogel Christoph ein kleines buntes Holzpuzzle-Spiel in die Augen gestochen. Er kehrt also noch einmal um.

»Hallo, Alfons«, ruft der, »hast was vergessen?«

»Ja«, sagt der, »ich hab mir grad überlegt: ›Jessas, mein Gott, für die Maria, von der Nachbarin das Kind, wollt ich noch eine Kleinigkeit besorgen.‹ Und bei den Worten Jesus, Maria, Kind und Gott ist mir eingefallen, dass ich beinah noch etwas ganz anderes Wichtiges vergessen hätt, nämlich, worum es an Weihnachten eigentlich im Letzen geht.«

Weihnachts-Angebot

Wenn man das Angebot um die Zeit sieht:
Christkindl-Glühwein,
Verkündigungs-Sekt
und Weihnachtsbock,
Josefi-Wein,
Heilig-Geist-Sprudel,
Hirtenkäs und Hirtenspieß,
die Weihnachtsengel-Schönheitscreme,
ein Johannes-der-Täufer-Vital-Shower-Gel,
die »Heilige-Familie«-Kaffee-Mischung,
eine echte Bethlehemer Eselssalami,
ein Dreikönigs-Deo-Spray mit Myrrhenduftnote,
die neueste Madonna-CD,
den »Three-King-Cheeseburger«.

Ja, wenn man richtig hinschaut,
dann kann man doch wirklich nicht sagen,
wir würden in unserer pluralistischen Gesellschaft
nichts mehr von der Heiligen Nacht
und der christlichen Symbolik halten.

Die Weihnachtsfeier im »Vital-Club«

»Verfasser eines bekannten Buches über einen Münchner Rentner, sechs Buchstaben.« Alfons Igerl grübelte schon geraume Zeit über dem Kreuzworträtsel der »Münchner Palette«. Der zweite Buchstabe war ein »O«. Dann konnte es eigentlich nur der Sigi Sommer sein. Aber da war ja noch der Buchstabe »L« am Ende dieses mysteriösen Namens. Das war sicher, denn der Vorname des deutschen Rekordfußballnationalspielers ist doch eindeutig Lothar und nicht Richard oder Rudolf.

»Vielleicht hat ein Chinese das Kreuzworträtsel gemacht«, lachte der Alfons in sich hinein. »Die bringen doch das ›R‹ und das ›L‹ ständig durcheinander.«

Er ging noch einmal im Geist die Namen all derer durch, die diese Rentnergeschichten geschrieben haben könnten: Herbert Schneider, Franz Ringseis, Kurt Wilhelm, oder könnte es der Manfred Bacher sein? Der hatte doch die netten Geschichten »Lausbuben gibt's« geschrieben. Aber auch mit dem Bacher ging es sich nicht aus, da war ja wieder dieses blöde »L« am Schluss.

»Wenn ich nur den Anfangsbuchstaben hätte. – Was war denn 14 senkrecht? – Ein Name mit fünf Buchstaben, ›Hersteller des Bayerischen Haussegens‹ – wie hieß der Mensch bloß? – Das ist doch der Erich Klotz«, überlegte Igerl. Der gesuchte Schriftsteller begann also mit einem »Z«.

Aha, und jetzt dämmerte es dem Alfons. Er erinnerte sich, dass er bei einer entfernten älteren Verwandten, der Manzenrieder Lilo, einmal ein altes, verstaubtes Gedichtbändchen gefunden hatte mit dem Titel »Geh weiter, Zeit, bleib steh!« Zöttl oder so ähnlich hatte dieser Mensch geheißen.

Ja, da war ja noch 12 senkrecht: »Deutsche Lichtgestalt aus Bayern – Vorname«, stand dort. Lichtgestalt? Ein Politiker würde das wohl nicht sein, dachte sich der Alfons. Ihm fiel als Erstes unser großer Schauspieler Gustl Bayrhammer ein, aber das ging sich mit den Buchstaben wieder nicht aus. Der letzte Buchstabe war ein »Z«. Ach ja, richtig, der Beckenbauer Franz. Klarer Fall doch. Jetzt hatte er also noch ein »F« als vorletzten Buchstaben herausgefunden. Und dunkel erinnerte er sich jetzt, dass dieser Mensch »Zöpfl« geheißen hatte.

So, jetzt war das Kreuzworträtsel fertig. Emsig suchte sich der Alfons das Lösungswort zusammen. Der Name eines bekannten bayerischen Zauberers war gefragt. Klarer Fall: Der Peps Zoller war es natürlich. Das hätte er aber auch ohne langwieriges Kreuzworträtsel wissen müssen.

Jetzt erst schaute sich der Alfons die genaueren Bedingungen für dieses Preisrätsel an. »Schicken Sie das Lösungswort«, stand da, »an die Redaktion der Münchner Palette. Der erste Preis ist ein Traumurlaub.«

Igerl zögerte lange, ob er sich die Arbeit des Zuschickens und die Kosten des Frankierens auftun sollte, denn bei Losen, Lotto oder dergleichen war der Alfons ein ausgesprochener Pechvogel. Er konnte sich eigentlich nicht erinnern, dass er jemals bei irgendeiner Verlosung etwas gewonnen hätte. Schließlich entschloss er sich aber doch, nachdem man bei ihm wirklich schon seit längerer Zeit nicht mehr von einem Glück in der Liebe sprechen konnte, sein Glück im Spiel zu versuchen, und schickte das Lösungswort »Peps Zoller« ab.

Das war Ende November gewesen. Vierzehn Tage vor Weihnachten bekam er die Mitteilung der Redaktion, dass er den ersten Preis gewonnen habe. Eine Weihnachtstraumreise in den Vital-Club auf Lanzarote.

Zunächst konnte es der Alfons gar nicht glauben, dass er etwas gewonnen hatte. Dann stieß er einen Juchzer aus und hüpfte auf einem Bein durch seine Wohnung, wobei er das Lied sang: »Gwonnen habn ma, gwonnen habn ma, hei, hei, hei!« Sie hatten es damals immer auf der Altersheimwiese gesungen, wenn sie gegen die Mannschaft aus der Riesserseestraße einen Sieg erfochten hatten. Offensichtlich löste sein Freudentanz einen ziemlichen Lärm aus, denn kurz darauf klopfte die unter ihm wohnende, bissige Zenta Schreivogel mit einem Besenstiel an den Plafond.

Nach einiger Zeit wurde die Begeisterung des Alfons aber von einer gewissen Skepsis abgelöst. Ein Weihnachtsurlaub und auf Lanzarote? »Ja, wo ist denn das überhaupt?«, murmelte er. Er holte sich seinen alten Schulatlas, den er noch immer zu Hause hatte, heraus und wurde nach einiger Zeit des Suchens fündig. Aha, eine der Kanarischen Inseln.

»Ja, mich hast ghaut«, brummelte er. »Was tu denn ich Weihnachten irgendwo im fernen Süden? Was werden denn die für ein Wetter da haben? Schneien tut es bestimmt nicht. Na ja, das macht nix, bei uns hat es auch schon einige Zeit zu Weihnachten nicht mehr geschneit«, überlegte er. »Aber, ausgerechnet an Weihnachten …« Da würde er ja einiges verpassen. Der Alfons Igerl war zu Weihnachten noch nie von seiner Heimatstadt weggefahren.

Die Abreise war für den 20. Dezember angesagt. Na ja, den Kripperlmarkt bekäme er noch mit und die Weihnachtsfeier vom Kleingartenverein »Flora« war ja schon am 17. Dezember. Aber auf die Christmette beim Pfarrer Hausladen in Sankt Thomas Morus müsste er wohl verzichten.

Sein Spezl, der Pfanzelt Maxe, antwortete auf seine Zweifel, ob er denn wirklich mitfahren solle, lediglich: »Ja, sag einmal, spinnst denn du? Da wärst ja nimmer zu retten.« So entschloss er sich schließlich doch zu einer Zusage.

Am 20. Dezember stand der Alfons tatsächlich am Flugschalter und nach den üblichen Formalitäten des Eincheckens befand er sich in der Boeing, die ihn zu seinem Urlaubsziel brachte.

Am Flughafen empfing ihn eine junge Spanierin, die ein Schild »Vital-Club« in die Höhe hielt. Der

Alfons nannte ihr seinen Namen und sie begrüßte ihn mit einem freundlichen »Ah, Sie sind die Gewinner von die große Preis«. Ein Kleinbus nahm den Alfons mit seinem Gepäck auf und sie fuhren durch eine eigentlich recht triste Landschaft. Der Alfons hatte sich alles ganz anders vorgestellt.

Zwischendurch erzählte ihm die Empfangsdame, dass Lanzarote eine Vulkaninsel sei und nur eine spärliche Vegetation aufzuweisen habe. »Ja, sagen Sie einmal«, meinte er zu ihr zwischendurch, »da ist ja alles schwarz.«

»Vulkangestein«, meinte diese, »Vulkangestein«.

Nach einer halbstündigen Fahrt waren sie endlich am Ziel. Schon von weitem hatte der Alfons die Aufschrift »Vital-Club« gelesen. Als er ausstieg, empfing ihn ein lustiger Gesang von fünf jungen Leuten, die alle orange gekleidet waren und auf deren T-Shirts groß stand: »Vita-Vitallala«.

Der Alfons bekam zur Begrüßung in einem Sektglas eine rosa Flüssigkeit überreicht. Sie erinnerte ihn stark an die Himbeerlimonade, das Kracherl, das er in seiner Kindheit immer bei seiner Großmutter bekommen hatte. »Ist unsere Club-Cocktail«, meinte die Reiseleiterin, die den schönen Namen Conchita trug.

Dem Alfons wurde ein Zimmer in einem Bungalow zugewiesen. Man servierte ein gut mundendes Abendessen und mit einem »Schlaf gut, buenas noches« wurde er verabschiedet. »Denk dran, dass wir hier alle ›du‹ zueinander sagen«, rief ihm die Reiseleiterin noch zu. »Morgen beginnt eine harte Tag für dich!«

Der Alfons hielt das für einen Witz, denn er war ja zur Erholung hier, wie er bis dato noch glaubte.

Die harte Wirklichkeit erfuhr er am nächsten Tag in aller Früh, als er von einer lauten Musik geweckt wurde.

»He, was ist denn da los?«, schimpfte er vor sich hin. »Haben die da einen Umzug?«

Durch den Lautsprecher kam die Mitteilung, dass jetzt gleich Frühstück sei und dass man sich anschließend, um 9.00 Uhr, an der Pool-Bar versammeln müsse.

Beim Frühstück merkte der Alfons, dass er offensichtlich die falsche Bekleidung mitgenommen hatte. Alle saßen nämlich im T-Shirt und in kurzen Hosen herum. Er hatte nur eine einzige Turnhose dabei und sein altes Vereinstrikot vom MTV 1879, wo er einmal vor Urzeiten Tischtennis gespielt hatte. Igerl errötete fast bei dem Gedanken, dass er sich sicherheitshalber sogar drei lange Unterhosen mitgenommen hatte, und schwor jetzt dem Pfanzelt Maxe Rache, der ihn grinsend bei der Kleiderauswahl für seinen Urlaub beraten hatte.

Nach Beendigung des Frühstücks trat der Alfons pflichtbewusst am Swimmingpool an. Dort stand ein athletischer Typ mit langen Haaren, der sich als »Alfonso« vorstellte, was dem Alfons natürlich sehr sympathisch war. Alfonso redete in relativ gutem Deutsch kurz auf die Versammelten ein und machte ihnen klar, welches sportliche Programm sie heute erwarte.

»Für die Neuankömmlinge«, sagte er, »muss ich noch eine Neueinteilung machen. Wer ist Neuankömmling?«

Der Alfons hob brav seinen Finger, so wie er es in der Grundschule bei dem Fräulein Schrettenbrunner gelernt hatte.

»Du als Einziger?«, fragte Alfonso. »Gut, dann bekommst du für die nächsten Tage deine Plakette. Du bist ein Kamel«, sagte er zu Alfons und überreichte ihm eine Kamelplakette.

Der Alfons wollte schon mit einer spitzen Bemerkung reagieren, als es ihm dämmerte, dass das irgendwie mit einer Sportgruppe zu tun haben könnte, in der er jetzt starten müsse. Er schaute sich um und entdeckte noch mehrere »Kamele«, aber auch eine Reihe »Esel«, »Dromedare« und »Papageien«. Nach irgendeiner Musik kam die Durchsage: »Kamele gegen Papageien, Dromedare gegen Esel im Volleyball. Die Sieger spielen gegen die Sieger.«

Der Alfons hatte noch nie in seinem Leben Volleyball gespielt. Er wusste zwar aus diversen Fernsehsportstudios, dass das eine Art »Ball über die Schnur« war, wie sie es seinerzeit beim Lehrer Empfenzeder gespielt hatten. Bei einem richtigen Volleyballspiel aber hatte er noch nie mitgemacht. Dementsprechend fiel auch seine Premiere aus.

Nach dem Volleyballspiel ging es sofort weiter. Die Animateure marschierten mit ihren Mannschaften an den Swimmingpool. Dort bekamen sie »Schlafanzüge« in verschiedenen Farben überreicht. Die »Esel« etwa bekamen einen grauen und die »Kamele« einen braunen. Nun veranstalteten sie eine Schwimmstaffel.

Der Alfons war zwar im Sinne einer gewissen Gesundheitspflege jede Woche einmal im Müller-Volksbad und schwamm, bevor er ins Dampfbad ging, immer eine halbe Stunde im Becken auf und ab. Aber sein Schwimmstil war bestimmt nicht an den neuesten sportwissenschaftlichen Erkenntnissen orientiert. Es war so eine Art Zwischending zwischen »Hundstapperer« und Brustschwimmen.

Bei der Staffel ging es nun darum, zunächst in der Badehose ins Wasser zu springen, eine Bahn zu schwimmen, am Ende dieser Bahn den Schlafanzug überzustreifen, wieder ins Wasser zu springen und zuletzt am Beckenrand anzuschlagen, um dem nächsten Startspringer den nicht vorhandenen Staffelstab weiterzugeben.

Igerl stellte sich als Letzter an. Ich habe vergessen zu sagen, dass die »Kamele« eine durchaus sportliche Schar von Männern mittleren oder jüngeren Alters waren, die sofort mit Feuereifer ans Werk gingen. In null Komma nichts hatten sie einen Vorsprung von fast einer Bahn herausgeschwommen, und als der Alfons drankam, lagen sie schon fast zwei Bahnen vorne. »Wenn das bloß gut geht«, dachte er sich, als er mit einem »Baucherer« ins Wasser sprang – so, wie sie ihn als Buben immer gesprungen waren, obwohl

81

doch am Schwimmbecken stand: »Seitliches Einspringen verboten!«

Igerls Gegner auf Seiten der »Esel« und der »Dromedare« waren athletische Typen, die von ihren Mannschaften für den Schluss aufbehalten worden waren.

Nachdem er schon beträchtlich an Vorsprung eingebüßt hatte, kletterte der Alfons aus dem Wasser und versuchte sich den Schlafanzug überzustreifen. Auch da gebrach es ihm an Routine, denn der Alfons schlief ganz altmodisch jede Nacht in seinem Nachthemd.

Endlich war es so weit. Nach einem erneuten »Baucherer« musste er feststellen, dass der Schlafanzug sich sofort mit Wasser füllte und ihn beträchtlich nach unten zog. Aber der Alfons gab alles her, was in seinen Kräften stand, wechselte sogar noch seinen Schwimmstil, indem er sich an die Bewegungen des Pfanzelt Maxe erinnerte, der im Volksbad immer eine Art »Seitenschwumm« schwamm, und rettete schließlich unter dem ohrenbetäubenden Geschrei seiner Mitkämpfer einen hauchdünnen Vorsprung bis ins Ziel. Anerkennend klopften ihm seine »Mitkamele« auf die Schulter. Einer – oder vielmehr eines – sagte sogar: »Respekt!«, was den Alfons gewaltig aufbaute, denn seine Stammtischspezln hätten angesichts der kläglichen Schwimmvorstellung höchstens gesagt: »Gratuliere, dass du nicht ersoffen bist.«

Hatte der Alfons nun gehofft, dass die sportliche Betätigung für diesen Tag beendet wäre, so wurde er bitter enttäuscht. Der Animateur ließ einen kurzen Pfiff aus einem Pfeiferl erschallen, wie es der Schwanghart Walter, der beim FC Amicitia Schiedsrichter war, immer um den Hals trug. Dann verkündete er der versammelten Schar, wie es weitergehe. »Ihr habt nun zwei Stunden Zeit, da könnt ihr euch relaxen. Um zwölf Uhr ist Buffet und um zwei Uhr sehen wir uns wieder.«

Alfons schaute auf die Uhr. Fünf vor zwölf! Er rannte auf seine »Bude«, trocknete sich kurz ab und zog sich seinen schönen Anzug an. Als er damit am Buffet erschien, erntete er nur erstaunte Blicke, denn die anderen waren alle locker-sportlich gekleidet gekommen.

»Der Pfanzelt Maxe«, murmelte er vor sich hin, »kann was erleben.« Denn der hatte ihm gesagt, dass man zu jedem Buffet einen Anzug tragen müsse.

Hatte der Alfons erwartet nun eine zünftige Brotzeit vorzufinden, so wurde er bitter enttäuscht. Das Buffet war zwar prächtig aufgebaut, aber er sah eigentlich nichts, worauf er im Augenblick einen Gusto gehabt hätte. Er war zwar selbstverständlich nicht davon ausgegangen, dass er Weißwürste und eine Halbe Weißbier nebst süßem Hofbräukeller-Senf und knusprige Brezen vom Bäcker Eberl serviert bekäme, aber zumindest einen Leberkäs hatte er sich schon erwartet. Das Buffet jedoch bestand in erster Linie aus Schalen voller Körndl, Flocken und irgendwelchen Früchten, von denen er lediglich die Orangen, Äpfel und Melonen identifizieren konnte.

Richtig, da hinten lagen auch noch Feigen und Datteln. Igerl hatte nichts gegen Früchte, aber zum Mittagessen? Brrr!

Da aber aufgrund der sportlichen Leistungen, die Igerl vollbracht hatte, oder vielmehr hatte vollbringen müssen, sein Magen beträchtlich knurrte, entschloss er sich schließlich doch zu einem für seine Verhältnisse exotischen Menü, bei dem er in seiner Verzweiflung in eine Schale einfach Körndl, Nüsse, Flocken und Weinberln, Marmelade, Honig, Joghurt und »Quark« – zu dem sagte der Alfons selbstverständlich immer noch »Topfen« – gab und kräftig umrührte. Dazu holte er sich, weil ihn gewaltig dürstete, ein paar Glasl der angebotenen Fruchtsäfte, und da Hunger bekanntlich der beste Koch ist, schmeckte ihm nach relativ kurzer Zeit der Mampf, den er sich bereitet hatte, gar nicht so schlecht. Später erzählte er dann seinen Stammtischspezln einmal bei einem Frühschoppen, als die anderen genüsslich ihre Weißwürste auszuzzelten, dass das doch eigentlich ungesund sei und man anregen solle, dass das »Volkarteck« auch ein »Körndlbuffet« bereitstellen solle. Was ihm allerdings ein dezentes Kopfschütteln beziehungsweise ein etwas undezenteres An-die-Schläfe-Tippen des Scherm Ade einbrachte.

Nach dem Buffet legte sich der Alfons erschöpft in seiner Bude aufs Ohr und hätte sicher den Rest des Tages schlafend verbracht, wenn ihn nicht der lautstarke Aufruf des Animateurs aus seinen Träumen geweckt hätte. Schuldbewusst kletterte er in seinen, nun schon leicht verschwitzten, Sportdress und sah mit gemischten Gefühlen dem weiteren Ablauf der Wettkämpfe entgegen.

Der nächste war ein Seilziehen, bei dem der Alfons aufgrund seines nicht unbeträchtlichen Gewichts wenigstens einige Pluspunkte mit einbringen konnte. Er holte sich zwar ein paar große Blasen und Hautabschürfungen an den Händen, aber die Freude über den errungenen Sieg ließ ihn den leichten Schmerz vergessen.

Dem Sieg folgte dann allerdings ein größeres Debakel bei der Laufstaffel im tiefen Sand des Strandes. Zu allem Überfluss rutschte der Alfons dann auch noch kurz vor dem Ziel aus, verknackste sich seinen linken Knöchel und kam zwar tapfer hinkend, aber als abgeschlagener Letzter ins Ziel.

Inzwischen war es 16 Uhr geworden. Der Animateur versammelte wieder seine Tiergruppen, gab den neuesten Punktestand bekannt, nach welchem die »Kamele« jetzt einen Punkt hinter den »Eseln« an zweiter Stelle lagen, und meinte: »Die Entscheidung fällt abends beim abschließenden Wettbewerb. Jetzt habt ihr zwei Stunden zur persönlichen Verfügung.« Die Sportler stoben leistungsbesessen in die verschiedensten Richtungen, nur der Alfons blieb unschlüssig stehen.

»Ja, was darf's sein?«, fragte ihn der Animateur. »Wir haben eine Menge Wassersportangebote: Surfen, Ski – oder möchtest du vielleicht Squash spielen?«

Der Schreck fuhr dem Alfons in alle Glieder. Aber schlagfertig entgegnete er: »Ja, an sich würde ich alles gern machen, aber ich glaub, dass das jetzt grad nicht geht.« Und er zeigte auf seinen lädierten Knöchel.

Verständnisvoll nickte der Animateur. »Gut«, sagte er, »dann komm mit. Kannst du Backgammon?«

»Ha?«, fragte der Alfons zurück.

»Backgammon, das ist ein Brettspiel.«

Der Alfons konnte zwar Mühle und »Mensch ärgere dich nicht«, aber von diesem »Backgammon« hatte er noch nie etwas gehört.

»Gut«, meinte der Animateur, »wir haben heute einen Anfängerkurs.«

Ob er wollte oder nicht, bekam der Alfons seine erste »Backgammon-Lesson«.

Anschließend fand dann der Entscheidungswettkampf statt. Und da hüpfte das Herz des Alfons etwas höher, denn der letzte Wettbewerb wurde im »Bowling« ausgetragen. Der Alfons war ja ein passionierter Kegler, der jeden Donnerstagabend im »Volkarteck« mit seinen Stammtischspezln in die Vollen zielte. Auch wenn das Bowling etwas andere Regeln hatte als das Kegeln, erwies sich der Alfons als ein echter Matador. So war es kein Wunder, dass die »Kamel-Staffel« Erste wurde und damit als Tagessieger aus dem Wettkampf hervorging.

Nachdem der Alfons auf sein Zimmer gegangen war, sich geduscht und umgezogen hatte, kam der erfreulichste Teil des Abends, denn das Abendbuffet war fürwahr eine Augenweide. Der Alfons entdeckte eine Reihe Schmankerl, wie er sie zuletzt bei einem Empfang anlässlich des hundertjährigen Jubiläums seiner Firma »Gschwandtner & Co.«, in der er früher gearbeitet hatte, genossen hatte.

Keine Frage, dass der Alfons steinmüde ins Bett fiel und wie ein Ratz schlief. Vorher hatte er sich allerdings noch einen Umschlag auf seinen leicht angeschwollenen Knöchel gelegt.

Am nächsten Tag wurde er schon ziemlich früh wieder aus den Federn gejagt, als der Animateur mit seiner »Flüstertüte« das Sportprogramm des Tages bekannt gab. Nachdem der Alfons am Körndlbuffet gefrühstückt hatte, musste er, ob er wollte oder nicht, an den verschiedensten »Schnupperkursen«, wie das so schön heißt, teilnehmen.

Einer davon war das »Diving«, das Tauchen. Igerls letzte Taucherfahrungen waren die, dass er am Deininger-Weiher als Schulbub von seinem bärenstarken Klassenkameraden, dem Wöhrmann Franze, getaucht worden war und, hustend und prustend und schon etwas rot im Gesicht aufgetaucht, dem Tauchsport ein für alle Mal entsagt hatte. Und nun wurde er nolens volens in einen Gummianzug gesteckt und bekam eine Art Sauerstoffflasche angeschnallt. Das »Schnuppern« fand im hauseigenen Swimmingpool statt. Der Tauchlehrer schwamm voran und Igerl musste eine ganz beträchtliche Zeit alle möglichen Gegenstände, die man in das Becken warf, vom Grund wieder heraufholen.

Am Nachmittag war Surfen angesagt, aber als er

zum wohl fünfzigsten Mal vom Brett abgerutscht und sein Bauch vom vielen Aufplatschen im Wasser schon knallrot war, entschuldigte er sich mit seinem geschwollenen Knöchel erneut.

»Nun gut«, meinte der Animateur, »da müssen wir halt ein anderes Programm aufstellen.« Und er nahm den Alfons Igerl mit in den Trimmraum. Da blieb ihm nichts anderes übrig als irgendwelche Kraftmaschinen, die er vorher lediglich aus Fernseh- filmen kannte, zu ziehen, zu drücken und zu pressen, dass es nur so eine Freude war. Zum »Refreshen« durfte er sich dann in ein türkisches Dampfbad set- zen, was ihm natürlich auch vom Müller-Volksbad her schon vertraut war.

Keine Frage, dass er am nächsten Tag mit einem beträchtlichen Muskelkater erwachte. Aber der Vor- mittag war diesmal wirklich zur freien Verfügung und Igerl plätscherte ein paar Runden im Swim- mingpool. Er glaubte feststellen zu können, dass sich sein Bäuchlein schon etwas reduziert hatte, und star- tete frohgemut in die weiteren sportlichen Aktivitä- ten. So lernte er bei der Gelegenheit auch noch squashen, machte sogar beim Stretching und bei der Wassergymnastik mit und besah sich zwischendurch ein paar Mal wohlgefällig im großen Spiegel, der im Trimmraum angebracht war. Inzwischen hatte er sich auf Anraten des Animateurs auch einen Cluban- zug besorgt, auf dem der Schlachtruf des Clubs ge- schrieben stand: »Vita-Vitallala«.

Am 24. Dezember versammelten sich alle zur Vital-Weihnachtsfeier, die wie folgt ablief: Unter einem ohrenbetäubenden Lärm stürzten zehn als Nikoläuse verkleidete Sportler auf die Bühne und tanzten eine Art »Nikolausballett«, bei dem sie wild mit den Ruten fuchtelten. Anschließend wuchteten sie Hanteln in die Höhe, die an beiden Enden mit Lebkuchen-Attrappen dekoriert waren. Darauf hüpften die weiblichen Animateure in hautengen Stretchinganzügen herein, mit Flügelein dekoriert und mit Gold- und Silberperücken auf dem Kopf. Sie fassten sich an den Händen und tanzten um zwei Christbäume herum, indem sie im Playbackverfahren das Lied sangen: »O Tannenbaum, wie grün sind deine Blätter«. Bei den zwei Bäumen handelte es sich aber keineswegs um Tannenbäume, sondern um zwei Pappeln, die an den Wipfeln weihnachtlich geschmückt waren.

Alfonso, der als eine Art »Supernikolaus« verkleidet war, ging nun ans Mikrophon und rief den ersten Höhepunkt des Weihnachtsabends aus: »Wir kommen nun zu unserem weihnachtlichen Wettklettern. Die besten Kletterer des Clubs veranstalten eine Wettkletter-Staffel.« Unter dem Absingen des Clubliedes »Vita-Vitallala« marschierten die Athleten im Hirtenlook ein, machten ein paar Auflockerungsübungen und starteten dann ihre Staffel.

Als nächstes folgte ein Zielwettbewerb. Mit Bällen, die wie Christbaumkugeln aussahen, kämpften die zwei Mannschaften gegeneinander. Sieger wurde die Mannschaft, die die meisten Kugeln in eine Art Nikolausschuhe hineingeworfen hatte.

Daran schloss sich der »Auspustwettbewerb« an. Zwei große Adventskränze voller Kerzen wurden hereingeschleppt, in entsprechendem Abstand vor den Mannschaften aufgestellt und diese bemühten sich jetzt, aus der Entfernung von etwa 15 Metern die Kerzen auszublasen. Sieger war die Mannschaft, die mit ihrer Lungenkraft als erste alle Lichter auf ihrem Kranz ausgelöscht hatte.

Das nächste war das »Herbergssuch-Wettrennen«. In Windeseile wurde auf der Bühne eine Art Parcours aufgebaut, der über alle möglichen Hindernisse führte: Zum Beispiel musste man über einen künstlichen Esel und einen Ochsen springen, dann über ein Wasserbecken, das den Namen »Jordan« trug, ferner unter irgendwelchen Schaf-Attrappen durchrobben. Am Ende des Parcours gelangte man dann zu ein paar Häuschen. Aus denen musste man die richtige »Herberge« herausfinden und, wenn man sie gefunden hatte, dem »Herbergsvater« das Losungswort »Vita-Vitallala« ins Ohr flüstern.

Als nächstes wurden zwei überdimensionale Sterne, mit Schießscheiben versehen, auf die Bühne gebracht, auf die die Mannschaften mit kleinen Pfeilen, die als Kerzen »maskiert« waren, zielten.

Der anschließende Wettbewerb war das »Dreikönigs-Wrestling«. Die Mannschaften mussten sich im freien Catch gegen die als Wachen des König Herodes verkleideten Tennis-, Surf- und Tauchanimateure »durchringen« um schließlich in den Stall zu gelangen.

Nach zwei Stunden standen die Sieger fest. Sie wurden von den Stretching-Engeln anstatt mit Lorbeerkränzen mit einer Art Adventskränzen, auf denen vier kleine Kerzen brannten, geehrt.

Der Animateur Alfonso trat nun wieder ans Mikrophon und verkündete, dass heute eine besondere Attraktion bevorstehe. Damit die Weihnachtsfeier etwas würdiger werde und nicht nur einem sportlichen Wettbewerb gleiche, habe man sich heuer entschlossen eine Art Adventslesung vorzunehmen. »Durch einen glücklichen Zufall«, sagte Alfonso, »habe ich bei einem kurzen Aufenthalt in München eine Kassette mit einer wunderschönen Weihnachtsgeschichte geschenkt bekommen. Lassen Sie sich überraschen!«

Die Stretching-Engel traten wieder in Erscheinung und sangen zusammen mit den Nikoläusen und den Athleten, die noch immer als Hirten verkleidet waren, wiederum im Playbackverfahren das Lied »Es wird scho glei dumpa«. Dann brachte man einen großen Lehnstuhl auf die Bühne sowie ein großes silbernes Buch. Der Alfonso erschien im Trachtenlook mit einem Gamsbarthut auf dem Kopf und begann seinen Mund zu bewegen.

Der Alfons hatte nun bei seinem kurzen Aufenthalt im Vital-Club schon einiges erlebt. Was aber jetzt folgte, verschlug ihm wirklich die Sprache. Aus dem Lautsprecher ertönte zu den Mundbewegungen des Alfonso die von ihm, Alfons Igerl, gedichtete »Alt-Neuhauser Weihnacht«, die er seinerzeit auf Anraten seines Stammtischspezls, des Werner Dasch, der ein kleines Tonstudio besaß, für seine Freunde aufgenommen hatte.

Nach dem brausenden Beifall wurde der Alfons auf die Bühne geholt und als Verfasser dieser schönen Geschichte vorgestellt. Er bekam von einem Stretching-Engel ebenfalls einen Adventskranz auf das Haupt gedrückt. Schließlich trat der Alfonso noch einmal ans Mikrophon und forderte alle Anwesenden auf, auf die Bühne zu kommen. Nun fassten sich alle an den Händen und durften im Playback das Lied »Stille Nacht, heilige Nacht« singen.

Der Alfons erlebte noch einige recht abwechslungsreiche, aber auch sehr sportliche Tage im Vital-Club. Man erspare mir die Schilderung des Silvesterabends, der ebenfalls ein Zwischending zwischen Mini-Olympiade und Playback-Show war.

Als der Alfons braun gebrannt und mit beträchtlich geringerem Bauchumfang noch am Abend nach seinem Rückflug in der traditionellen Stammtisch-Kegelrunde erschien, wurde er von seinen Spezln mit lautem Gejohle begrüßt.

»Gott sei Dank, dass du wieder da bist«, meinte der Pfanzelt Maxe. »Du wirst dich wundern, was heut noch auf dich zukommt. Lass dich nur überraschen, du Duselbruder. Ein solches Massel wie du möcht ich einmal haben.«

Alfons schaute fragend. Der Maxe flüsterte seinen Stammtischspezln zu: »Nix verraten!« Zum Alfons sagte er: »Jetzt hock dich erst einmal her und erzähl!«

Das tat Alfons auch genüsslich. Als er gerade von der Vital-Weihnachtsfeier erzählte, kam der Wirt mit einem stattlichen Herrn an der Seite auf den Alfons zu und meinte: »Das ist unser Stammgast, der Herr Igerl.«

Der Herr nickte freundlich und reichte ihm seine Hand. »Gratuliere«, sagte er.

Als der Alfons ihn erstaunt anschaute, erklärte ihm der Wirt: »Das ist der Herr Direktor Albert Riedl vom Hofbräu. Erinnern Sie sich noch, Herr Igerl, Sie haben doch bei dem Bierfilzl-Wettbewerb vom Hofbräu mitgemacht.«

»Ja, freilich«, meinte der Alfons. »Ich weiß schon noch, das Lösungswort war: ›Münchner Kindl‹.«

»Richtig«, nickte der Direktor Riedl, »und Sie, Herr Igerl, sind unter vielen, vielen tausend Einsendungen Sieger geworden.«

»Das gibt's doch nicht«, rief der Alfons überrascht aus.

»Doch, wenn ich es Ihnen sag«, meinte der Direktor. »Sie haben den ersten Preis gewonnen. Sie wissen doch sicher schon, was dieser ist.«

»Nein, ich müsst lügen«, stotterte der Alfons. »Wahrscheinlich ein paar Tragl Freibier. Freunde«, sagte er, »damit feiern wir gemeinsam.«

»Nein«, meinte der Direktor, »ein paar Tragl Freibier stift ich noch dazu. Ihr Hauptpreis ist aber etwas ganz anderes. Nach der Rückkehr wird Ihnen das Freibier besonders gut schmecken. Ihr Hauptpreis ist auf Ostern ein vierzehntägiger Abenteuerurlaub mit einer Kamel-Karawane quer durch die Sahara.«

Der Besuch

Frau Sagerer war zum Briefkasten gegangen und hatte die übliche Post herausgenommen. Eine Unmenge von Reklamesendungen, Telefonrechnung, die Arztrechnung, die Rechnung vom Installateur. Sie seufzte auf. Da entdeckte sie noch einen Brief mit einer fremden Briefmarke. Gespannt riss sie ihn auf und überflog die Zeilen. »Mein Gott«, rief sie, »da werden sich mein Mann und die Kinder aber freuen.«

Sie eilte zum Telefon und wählte die Nummer ihres Mannes. »Stell dir vor«, rief sie, »wir haben Post bekommen. Du wirst es nicht glauben, Er kommt, Er kommt endlich.«

Als die Kinder von der Schule zurückkamen, hielt sie ihnen gleich den Brief hin. »Was meint ihr, was los ist? Schaut her, was sagt ihr jetzt? Er kommt auf Weihnachten. Das wird ein wunderschönes Fest werden, wenn wir Ihn endlich sehen.«

Die Kinder stießen einen Freudenschrei aus. Sie hatten schon so viel von Ihm gehört. Endlich hätten sie also Gelegenheit Ihn kennen zu lernen. In vier Wochen wäre es so weit.

Abends setzten sie sich gleich zusammen und machten einen Plan. »Wir müssen alles sorgfältig vorbereiten«, meinte Herr Sagerer, »vier Wochen sind zwar noch eine Menge Zeit, aber ihr wisst ja selber, was es noch zu tun gibt.«

Als Erstes beschlossen sie die Wohnung gründlich zu renovieren. Mit Mühe gelang es ihnen, noch einen Maler und einen Tapezierer zu finden. Eine ganz neue und teure Tapete leisteten sie sich zu Ehren ihres Besuches. Nach einer Woche erstrahlte die Wohnung in neuem Glanz.

»Wir brauchen aber auch einen neuen Fernsehapparat und eine Satellitenantenne«, meinte Martin, der Sohn. »Stellt euch vor, wenn er fernsehen will. Und wir bringen doch nur die paar Kanäle herein.«

»Und eine Musikanlage«, ergänzte Sabine. »Wir haben ja nicht einmal einen CD-Player. Schaut her«, sagte sie, »ich habe für Ihn heute eine ganze Reihe neue CDs gekauft.«

»Zeig mal«, rief Martin. »Oh Gott, du mit deinen altmodischen Musikvorstellungen!«

Sie gerieten sich ein wenig in die Haare, was man wohl spielen könne, wenn Er da wäre. Martin kündigte an, er wolle auch noch CDs nach seinem Geschmack beschaffen. So beschloss man also den Ankauf eines neuen Fernsehers, einer Satellitenantenne und einer neuen Musikanlage.

»Du«, meinte Frau Sagerer eines Abends verschämt zu ihrem Mann, »ich glaub, ich brauch wieder Geld. Schau einmal in meinen Kleiderschrank, ich kann doch nicht die alten Klamotten anziehen.«

»Daran habe ich auch schon gedacht«, stimmte ihr Mann zu. »Morgen ist verkaufsoffener Samstag, da gehen wir mal zum Einkaufen. Übrigens sollten sich Sabine und Martin auch neu einkleiden. Die beiden können unmöglich mit ihren alten Jeans unseren Besuch empfangen.«

Voll bepackt kamen sie am darauf folgenden Samstag nach Hause.

Im Laufe der Zeit tätigten sie noch mehrere große Einkäufe. Sie kauften neue Vorhänge und sogar ein neues Sofa.

Die Zeit wurde immer knapper und es galt ja noch den Abend vorzubereiten. Lange hatten sie darüber diskutiert, was man wohl zum Essen und Trinken besorgen solle. Jeder brachte seine speziellen Wünsche ein. Am Schluss einigte man sich, dass man ein Menü zusammenstellen wolle, für das dann jeder seine Leibspeise besorgte.

Herr Sagerer erklärte sich bereit die Getränke zu kaufen. Jeder bekam seine Aufgabe zugeteilt und einen Tag vor Weihnachten lagerte man die Spezialitäten im Kühlschrank und im Keller. Jetzt galt es, am Weihnachtstag noch den Christbaum aufzustellen und das Zimmer entsprechend zu schmücken.

Endlich war es so weit. Es war aber auch höchste Zeit, denn es war schon 19.00 Uhr. Jeder ging noch schnell auf sein Zimmer und zog stolz die neue Kleidung an. Da saßen sie dann um den Tisch herum und begannen mit dem Festmahl. Man schaltete den neuen Fernseher an, legte eine CD in den Musikturm, starrte bald gebannt auf den Bildschirm oder lauschte der Stereomusik. Und das Essen! Wirklich das Feinste vom Feinen hatten sie besorgt. Genüsse in Hülle und Fülle.

Ein wirklich schönes Fest, versicherten sie sich alle, bevor sie sich müde ins Bett legten. Es war ihnen gar nicht mehr aufgefallen, dass der Besuch, für den sie dieses Fest so lange vorbereitet hatten, gar nicht gekommen war. Das heißt, Er wäre eigentlich schon gekommen, aber sie hatten vor lauter Feiern sein intensives Läuten an der Tür ganz überhört.

In Nacht und Dunkel lag die Erd

oder:
Warum Weihnachten ein Fest der Hoffnung ist

In Nacht und Dunkel lag die Erd …

So heißt es in einem bekannten Adventslied. Jetzt, in den Tagen des ausklingenden Jahres, scheint die Welt viel trüber geworden zu sein. Es wird wesentlich schneller Nacht und wir sehnen uns vielleicht zurück nach den langen Sommertagen, wo es erst spät zu dunkeln begann. Es ist ja bekanntlich so, dass man oft erst dann über etwas nachdenkt, wenn es im Entschwinden begriffen ist. Und so überwiegen jetzt der Dämmer und das Dunkel das Helle und Lichte.

Fast automatisch verbindet der Mensch mit dem Schönen dieses Helle, Lichte und nicht das Dunkle. In den Schöpfungsbildern der Genesis wird erzählt, dass Gott das Licht eigens geschaffen hat. Es ist schon ein ganz merkwürdiges Phänomen, dieses Licht. Gerade die moderne Naturwissenschaft hat sich intensiv damit auseinander gesetzt. Man denke nur an die Relativitätstheorie eines Albert Einstein, der davon ausgeht, dass die Lichtgeschwindigkeit nicht überschritten werden kann.

Es ist hier nicht der Platz, von der merkwürdigen Doppelnatur des Lichts als Teilchen beziehungsweise Welle zu sprechen, die sich letztlich sogar unserem verstandesmäßigen Zugriff irgendwie entzieht. Wir rechnen zwar mit der Lichtgeschwindigkeit, aber wie bei vielen physikalischen Größen gilt auch für das Licht, dass wir im Endeffekt nicht genau wissen, was es ist. Wir wissen nur, ohne Licht gäbe es kein Leben. Das Licht ist die Grundlage des Seins und

Werdens. Es setzt alle Lebensprozesse in Gang und erhält sie.

In unserem tagtäglichen Wortgebrauch spielt das Licht eine bedeutende Rolle: »Es geht uns ein Licht auf«, »man erblickt das Licht der Welt« und hofft, dass einem nach dem Tod »das ewige Licht leuchtet«.

Von früh an hat der Mensch danach getrachtet, die natürlichen Lichtquellen Sonne, Mond und Sterne zu ergänzen, ja zu ersetzen, Licht anzuzünden in Form eines Spanes, einer Fackel oder einer Kerze, schließlich des elektrischen Lichtes. In großen Städten werden diese künstlichen Lichter sogar manchmal überstrapaziert, indem sie ständig die Nacht zum Tag machen.

Licht bedeutet zudem das Phänomen des Blitzes, der erschreckend und großartig zugleich ist. Wir verbinden mit dem Wort Blitz auch das Eindringen von etwas ganz Neuem, Unvorhergesehenem in unsere Welt, etwas, das geradezu aus einer anderen Dimension kommt. Etwas blitzt auf, die »Fulguration« ändert den bisherigen Ablauf und lässt Neues entstehen.

Auch in jenem Stern von Betlehem ist, wie wir Christen glauben, Neues aufgegangen. Er ließ und lässt die Welt in einem neuen Licht erscheinen. Dieses Licht hat die Nacht und das Dunkel in der Welt nicht beseitigt, aber es durchschaubarer gemacht. Wir haben ein Ziel und eine Orientierung bekommen und die Hoffnung, dass alles Dunkel dieser Welt nicht den Schein einer einzigen Kerze auszulöschen vermag.

So hat die Menschheit geharrt

Wie nach dem Winter,
wenn er rau war und hart,
man voller Sehnsucht
das Frühjahr erwart',
wie die Wiese, das Feld,
von der Sonn ausgedürrt,
schon wart', dass es wieder
den Regen verspürt,
wie man wart' auf den Brief
von wem, den man mag,
wie man wart' auf den Abend
nach so einem Tag,
an dem man geschuftet,
gearbeitet viel,
wie ein Marathonläufer
herbeisehnt das Ziel,
wie man wartet
auf Frieden und Ruhe im Krieg,
eine Mutter,
dass sie ihren Sohn wieder sieht.
Wie man wart' nach der Drangsal
aufs Ende der Not,
wie ein Hungriger wart'
auf ein kleines Stück Brot.
So viel und noch mehr
hat die Menschheit geharrt,
auf dein Zeichen, dein Wort,
deinen Wink einst gewart',

bevor der Stern
die Nacht hat erhellt,
als du deinen Sohn
hast geschickt in die Welt.
Ohne Hilfe von dir,
seine rettende Hand
würden heut noch wir warten
umsonst allesamt
auf die Zusag von dir,
dass du an uns denkst
und nach dem Advent
uns das Heil einmal schenkst.

Engel, gibt's die?

Woran denken wir, wenn wir das Wort »Engel« hören? Vielleicht taucht eine Erinnerung aus der Kindheit auf, wie wir ein kleines Bildchen geschenkt bekamen, auf dem ein Schutzengel mit großen Flügeln das Kind über einen Steg führt. Vielleicht fallen uns aber auch Zeilen ein wie: »Der Engel des Herrn brachte Maria die Botschaft und sie empfing vom heiligen Geiste …« Gerade im Zusammenhang mit Weihnachten denken wir wohl auch an Engel, die die Hirten vom Schlaf aufweckten und die Botschaft »Ehre sei Gott in der Höhe und Friede den Menschen auf Erden …« verkündeten. Weihnachtslieder, in denen Engelchöre singen, aber auch das »Großer Gott, wir loben dich« mit den »Cherubim und Seraphinen« klingen in unserem Ohr.

Es kann natürlich auch sein, dass wir an unsere schönen Barockkirchen mit ihrer Vielzahl an kleinen, putzigen Engelchen, den »Putten«, denken oder an den gestandenen bayerischen Engel aus dem »Brandner Kaspar«. Vielleicht taucht aber auch der Engel, »der boanige«, aus »Der Münchner im Himmel« auf, dessen Hosianna-Ruf gar nicht so recht nach dem Geschmack des Dienstmanns Alois Hingerl ist. Halt, da wären ja noch die Wiener-Lieder, in denen beispielsweise die »Engerl auf Urlaub nach Wien kommen«.

Ganz ehrlich, überwiegen nicht bei der Namensnennung des »Engels« bei uns Bilder mit süßen Engelchen und Engeln, wo die Grenze zwischen lieblich-nett und kitschig nur schwer zu ziehen ist? Und wenn uns gar jemand fragen sollte, ob wir eigentlich an Engel glauben, würden wohl die meisten verlegen lächeln.

Wo sollten diese Boten Gottes auch in einer aufgeklärten Welt noch ihren Platz haben? Allenfalls lassen wir sie als Symbol für den Frieden, als »Friedensengel«, gelten. Einer davon hat ja sogar sein Monument in München. Möglicherweise sollten wir die Engel sogar aus dem kindlichen Wort- und Gebetsschatz ganz herauslassen, beispielsweise aus den Gutenacht- und Schlafliedern. Denn ist es nicht realistischer, im Kinderzimmer einen Monitor zu installieren oder zumindest ein Babyphon, damit die Eltern gleich da sind, wenn Not am Manne beziehungsweise am Kinde ist, statt darauf zu hoffen, dass das Kind »von Englein bewacht« wird? Unser Computer-Zeitalter hat doch die Engel längst wegrationalisiert, unser modernes Umfeld hat keinen Platz für ein Wesen aus einer anderen Welt.

Ist es da nicht merkwürdig, dass ausgerechnet in dieser Zeit in Comics und Sciencefiction-Filmen immer wieder engelhafte Gestalten auftreten? Betrachten Sie einmal die Gestalt eines Batman, Superman, eines Phantom, eines He-Man. Was sind diese Gestalten im Endeffekt anderes als mit übernatürlichen Kräften ausgestattete »Engel«, die ständig Schutzengelsdienste verrichten? Der Wiener Erzbischof von Schönborn hat immer wieder auf diese interessante Tatsache verwiesen, dass in unserer scheinbar so rationalen Welt diese ganz eigenartige Form der Engelsgläubigkeit durchaus verbreitet ist. Diese Engelswesen können nämlich in der Regel alle fliegen, sind zur Stelle, wenn sie gebraucht werden, und setzen ihre überirdischen Kräfte für den Sieg des Guten ein. Ist es nicht eine amüsante Vorstellung, dass in einem modernen Tempel, der, sagen wir einmal, dem Fortschritt geweiht wäre, überall zur Dekoration kleine Bat- und Supermänner herumschwirrten?

Eines unterscheidet aber diese moderne Engelsgeneration von der traditionellen. Sie singen und jubilieren nicht so schön wie unsere »alten« Engel. Also lassen wir sie doch besser weiter gelten, denn stellen Sie sich einmal vor, wenn in »O du fröhliche« statt der himmlischen Heere die Schar der Supermen »Ehre« jauchzen müsste. In der »Stillen Nacht« aber hieße es dann: »... Hirten erst kundgemacht durch der Batmen Halleluja, tönt es laut von fern und nah ...«

Weihnachtserinnerungen

Obwohl die ersten Jahre noch in den schrecklichen Zweiten Weltkrieg fielen, sind die Erinnerungen an die Heiligabende meiner Kindheit allesamt wunderschön. An vieles, auch wenn es noch ganz früh war, kann ich mich gut erinnern. Denn während mein Kurzzeitgedächtnis inzwischen schon ein bisschen nachlässt, sind mir viele Erlebnisse und Eindrücke, die lange Zeit zurückliegen, heute noch gegenwärtig.

Mein Vater, der im Krieg in Frankreich stationiert war, schaffte es immer wieder, am Heiligen Abend daheim zu sein. Die Vorfreude auf sein Kommen machte schon einen großen Teil meines Weihnachtsglückes aus. Obwohl es in dieser Zeit wirklich nicht leicht war, gelang es meinen Eltern immer irgendwie, meine Christkindlbrief-Bitte zu erfüllen. Dazu muss allerdings gesagt werden, dass die Christkindlbriefe zur damaligen Zeit wohl etwas bescheidener in ihren Ansprüchen waren als heute.

Die letzten Tage vor dem Heiligen Abend waren voll Spannung und Vorfreude, die durch irgendwelche Zeichen vom Christkind beziehungsweise seinen »Englein« genährt wurden. In der Regel war das eine goldene oder silberne Nuss, die ich morgens an allen möglichen Stellen der Wohnung entdecken konnte.

Die Bescherung wurde bis in meine spätesten Kinderjahre damit eingeleitet, dass das Christkindlein mit einer Glocke bimmelte, die wir heute noch zu Hause haben und die jetzt traditionsgemäß von mir betätigt wird. Im Übrigen hat es sich mein Vater bis zu seinem Tod nicht nehmen lassen, ganz alleine den Christbaum herzurichten. In den späten Jahren ärgerten ihn dabei am meisten die elektrischen Kerzen, die sich trotz sorgfältiger Aufbewahrung nach einem für alle Zeiten geheimnisvollen Gesetz (das aus der Feder des Autors Murphey – »Warum alles schief geht, was schief gehen kann« – stammen könnte) alle Jahre wieder zu einem entsetzlichen Knoten verwirrten.

Wie schrecklich war es für mich, dass fast all die schönen Dinge, die ich im Lauf der Jahre zu Weihnachten bekommen hatte, bei einem Bombenangriff auf unsere Münchner Wohnung zerstört wurden! Ich hatte nur ein paar Kleinigkeiten in unsere winzige Wohnung in Erding, wo wir evakuiert waren, gerettet.

An drei Weihnachtsgeschenke, die dann alle in meine Erdinger Zeit fielen, erinnere ich mich noch besonders. Das erste war eine große Schreibtafel, die ich erhielt, als ich schon in der ersten Klasse war und mit der ich dann natürlich besonders schön Lehrer spielen konnte. Mein Schüler war der Ferdinand, ein ganz lieber geistig behinderter junger Mann, der Bruder unseres Vermieters. Endlos, aber ohne größeren Erfolg ließ ich ihn Sätze aus den Buchstaben, die ich schon beherrschte, auf- und hersagen: »Mimi und Hans fangen den Ball« oder »Susi ist im Haus«.

In der zweiten Klasse entdeckte ich dann – ich weiß eigentlich bis heute nicht mehr, wie und wo – meine Liebe zu den Sternen. Ein Bekannter meines Vaters nannte mir damals den Beruf des Sternforschers und einige Jahre antwortete ich immer, wenn ich gefragt wurde, was ich einmal werden möchte, mit: »ein Astronom«. Weil ich inzwischen schon recht gut lesen konnte, wünschte ich mir auf Weihnachten sehnlich ein Buch über Sterne. Bis heute weiß ich nicht, wie meine Eltern diesem ausgefallenen Wunsch entsprechen konnten, aber ich erinnere mich noch ganz genau, was ich jubelnd unter dem Christbaum entdeckte: ein kleines, dunkelblaues Büchlein mit Sternbildern auf der Titelseite. Obwohl ich mir den Berufswunsch des Astronomen nicht erfüllen konnte, denn dazu wäre meine mathematische und physikalische Begabung wohl doch zu dürftig gewesen, bin ich diesem Interesse bis heute treu geblieben und lese – immer noch eifriger – die so faszinierende Literatur aus diesem Sektor.

Als ich schon in der dritten Klasse war, durfte ich mit meinem Vater ein Fußballspiel besuchen. Dieses Spiel begeisterte mich so, dass es mein größter Wunsch war, selber einen solchen Lederball zu besitzen. Einen Fußball zu bekommen, war aber in der Zeit gleich nach dem Krieg absolut illusorisch. Meine Eltern haben mir später erzählt, wie sehr sie sich bemühten, dennoch etwas Ähnliches zu beschaffen. Leider ganz und gar vergeblich. Daher versuchten sie meinen Christkindlbriefwunsch – ich schrieb sogar noch in der dritten Klasse ans Christkindl – etwas zu manipulieren und meinten, dass ja auch Schlittschuhe etwas recht Schönes wären. So schrieb ich dann, allerdings ohne größere innere Überzeugung, »Schlittschuhe« auf meinen Brief. Diese lagen dann tatsächlich unter dem Christbaum. Es waren jene »Eisrutscher«, die man noch mit einem Schraubendreher am Schuh befestigen musste. Am ersten Weihnachtsfeiertag, es hatte gerade gefroren, habe ich sie gleich ausprobiert. Dabei hat es mich aber ein paar Mal so unsanft auf mein Hinterteil geschmissen, dass ich keine rechte Freude an diesem Sportgerät finden konnte.

Wer beschreibt unser Erstaunen, als wir am zweiten Weihnachtsfeiertag bei einem Spaziergang in der »Langen Zeile« in Erding in dem gerade entstandenen Tauschgeschäft einen uralten Fußball im Fenster liegen sahen! Ganz schüchtern habe ich meine Eltern gefragt: »Meint ihr, dass das Christkindl bös ist, wenn ich versuch die Schlittschuhe gegen den Fußball umzutauschen?«

Als mir meine Eltern versicherten, dass das sicher auch im Sinne des Christkindls wäre, bin ich am ersten Werktag nach dem Fest in aller Früh mit meiner Mutter gleich hingestürzt und wir haben den Tausch vollzogen.

Der Fußball hatte nur den Nachteil, dass er keine »Blase« hatte. Damals wurden Fußbälle noch mit einem Lederband verschlossen und ihr Herzstück bildete eine Gummiblase. Obwohl ich wochenlang tagtäglich in dem Tauschgeschäft nachfragte, gab es nie die Möglichkeit eine solche »Bladern« einzutauschen. Mein Vater versuchte zunächst irgendein Konstrukt aus einem alten Fahrradschlauch, das allerdings völlig danebenging. Auch der Versuch, mit einer »Saubladern«, einer Schweinsblase, die »Füllung« vorzunehmen, missglückte. Erst einige Monate später schaffte es mein Vater, von dem Gesellen unseres Erdinger Friseurs (wiederum durch geschickte Tauschagitation) eine zwar schon mehrmals geflickte, aber doch noch einigermaßen verwendbare Blase zu bekommen.

Als wir dann wieder nach München umzogen, hat mir der Fußball großartige Integrationsdienste erwiesen. Denn auf den umliegenden Wiesen war ich sehr schnell – ohne dass ich eine herausragende fußballerische Begabung war – ein gefragter Spieler und durfte sogar bald bei dem renommierten Spielwiesenclub, der sich in der Anlage des Eichendorffplatzes gebildet hatte, dem »FC Eichendorff«, als Torwart mitspielen.

Natürlich weiß ich, dass Weihnachten mehr ist als Beschenktwerden. Aber man darf auch nicht übersehen, dass Geschenke etwas Wunderbares darstellen und als bunte Freudenspender wie Leuchttürme aus unserer Kindheit herüberblinken. Irgendwie haben diese drei besonderen Geschenke auch mein Leben mitgestaltet.

Da ist zunächst einmal die Tafel. Vielleicht habe

ich damals meine besondere Liebe zum Lehrerberuf entdeckt. Und auch wenn ich heute in der Lehrerausbildung tätig bin, sehe ich mich doch nach wie vor als Lehrer, manchmal sogar noch als derjenige, der dem Ferdinand vergeblich das Alphabet beizubringen versucht.

Dass mich die Sterne jetzt nach wie vor beschäftigen, habe ich schon erwähnt. Die Suche nach dem Woher, aber auch das Staunen über die Großartigkeit der Schöpfung mit ihren unermesslichen Weiten und die Einsicht in die eigene Winzigkeit und Begrenztheit des Wissens haben mich bei meinem wissenschaftlichen Denken und Wirken immer begleitet.

Und dann ist schließlich der Fußball als ein ganz belebendes Moment in meinem Leben geblieben. Auch wenn inzwischen diverse Abnützungserscheinungen meine Beweglichkeit immer mehr einschränken, habe ich mir dennoch bis heute meine Spielfreude bewahrt und kann sagen, dass ich Sport und Spiel immer als große Bereicherung meines Lebens empfunden habe und empfinde. Sollte sich mein Bewegungsradius noch weiter, möglicherweise sogar bis auf das Terrain eines Telefonhäuschens, reduzieren, komme ich dennoch sicher auch in Zukunft ohne virtuelle Spiele oder irgendwelche Computerspiele ganz gut aus. Denn anstatt auf die Taste zu drücken kann ich wohl bis ins höhere Alter meine Gedanken spielen lassen. So wie ich das gerade hier versucht habe.

Auf der Suche nach dem Schönen

Wer jetzt die kahlen Bäume sieht, die fast aussehen wie tote Besen, kommt wohl nicht auf den Einfall, sie als besonders schön zu bezeichnen. Dazu fällt uns in dieser Jahreszeit wohl eher ein bunt geschmückter Christbaum ein. Es könnte aber auch sein, dass uns bei der Betrachtung des entlaubten Baumes in Erinnerung kommt, wie er noch vor ein paar Wochen voll bunten Herbstlaubes war und noch ein paar Wochen vorher herrliche Früchte getragen hat. Ja, und schließlich stand er ja im Frühling im weißen Blütenkleid. Und in ein paar Monaten ist es schon wieder so weit, dass wir uns an dieser Blütenpracht erfreuen können.

Gewiss gehört der Baum, der ja geradezu ein Symbol des Lebens darstellt, zu jenen Erscheinungen, mit denen wir immer wieder das Wort »schön« verbinden. Ich würde den Baum sogar als eine ganz spezifische Erscheinungsweise des Schönen bezeichnen. Aber doch mit Ausnahme des kahlen Wintergeästs? Eigentlich nicht, denn wer intensiv über das Wort »Schönheit« nachdenkt, weiß, dass diese immer nur irgendwie »aufleuchtet«, »erscheint«, dass sie geradezu ein flüchtiger Schein ist, der sich immer nur ganz kurzfristig zeigt. Ich glaube, es gehört zur Erkenntnis des Schönen, dass man versucht weiter und tiefer zu schauen, hinter dem kahlen den blühenden oder Frucht tragenden Baum zu sehen. Sollten wir das nicht auch immer wieder bei den Menschen versuchen? Dass wir, auch wenn die vermeintliche Schönheit nicht mehr da ist, tiefer blicken und uns vergegenwärtigen, wann und wo uns jemand als besonders schön erschienen ist?

In diesem Sinne geht es eigentlich gar nicht so sehr nur um eine zeitlose Betrachtung des Schönen, sondern um ein lebendiges Suchen, so wie Musil sagt: »Etwas schön finden heißt ja wahrscheinlich vor allem: es finden.« Die Suche nach dem Schönen ist gleichzeitig die Suche nach dem Sinn in dieser Welt. Bierbaum bezeichnet Schönheit geradezu als Sinn der Welt und meint: »Schönheit genießen heißt die Welt verstehen.«

Wahrscheinlich liegt die Schönheit nicht einfach nur in den Dingen, sondern es kommt auf uns an, wie wir diese Dinge sehen wollen und mit welchem Engagement wir sie betrachten. Einen der schönsten Sätze über das Schöne hat Christian Morgenstern gesprochen: »Schön ist eigentlich alles, was man mit Liebe betrachtet.«

Dieses Engagement lohnt sich. Gleich, ob man es mit dem Satz von Rudolf Leonhardt hält, der meint, das einzige Mittel das Leben zu ertragen sei, es schön zu finden. Oder ob man sich dem Dichter Jean Anouilh anschließt, der sagt: »Schönheit ist eines der seltenen Wunder, die unsere Zweifel an Gott verstummen lassen.«

Lass leuchten dein Licht

Aus dem Dunkeln kann werden,
kann das nur gedeihn,
was geweckt wird vom Licht.
Nur Licht lässt uns sein,
Licht, das ist Leben.
Ohne Licht wäre nichts,
alles, was ist,
lebt von Gnaden des Lichts.

Du schufst einst das Licht
und die Nacht wurde hell,
du ließt leuchten den Stern
und schicktest den Quell,
den Quell uns des Lebens
in der Heiligen Nacht,
der Rettung und Heil
in die Welt hat gebracht.

Er sprach: »Ich bin Licht«
und der Blinde konnt' sehn.
Er sprach: »Ich bin Leben«
und Tote erstehn.

Er gibt uns die Hoffnung,
er baut uns den Steg,
er spannt uns die Brücke,
er zeigt uns den Weg.

Sein Wort, das ist Leben,
er ist unser Hirt,
der uns aus dem Dunkel
der Finsternis führt.

Lass leuchten dein Licht,
lass dein Wort uns verstehn,
lass, was auch immer geschieht,
deine Gnade uns sehn.

Sterne

Sterne sind einem schönen Spruch zufolge »der blitzende Tau auf den Fluren der Ewigkeit«. Von ihnen sind die Menschen schon seit Anfang an fasziniert, sie sind häufiger Gegenstand von Sagen und Märchen. Sternbilder spiegeln beispielsweise einen großen Teil der griechischen Mythologie wider. Und die Sternkunde war eine der ersten Wissenschaften, wobei zwischen Astronomie und Astrologie zunächst gar nicht unterschieden wurde.

Auch im Christentum spielen Sterne eine große Rolle, vor allem der Stern von Bethlehem, der die Geburt des Herrn anzeigte und dem die sternkundigen Weisen aus dem Morgenlande folgten: »Ein Stern ist aufgegangen wohl über Jakobs Haus, drei Weise sahn ihn prangen, drei König' zogen aus ...«

Und wie dieser Stern in erster Linie Heil verkündete, das uns durch die Geburt des Herrn in Bethlehem zuteil geworden ist, verkünden die Sterne allgemein wohl am offenkundigsten die Großartigkeit der Schöpfung und die Allmacht Gottes. Immanuel Kant, wohl einer der größten Philosophen, hat betont, dass neben dem Sittengesetz in uns der gestirnte Himmel über uns etwas sei, was ihn stets mit neuer Bewunderung und neuem Staunen erfülle. Man braucht auch gar nicht in die Tiefen der Astronomie eingedrungen zu sein um zu erkennen, wie sich die Größe Gottes im Blick auf die Sterne verdeutlicht. Die unendliche Größe des Universums und die Unermesslichkeit der Zeit lassen uns, wenn wir nur ein wenig nachdenken, immer wieder unsere absolute Winzigkeit und Unbedeutendheit bewusst werden.

Über die gigantischen modernen Teleskope können wir manchmal die »Geburt« eines Sternes oder auch dessen »Tod« beobachten. Dabei fasziniert mich am meisten die Erkenntnis, dass das Ereignis, das wir beziehungsweise die Astronomen gerade bemerkt haben, schon vor vielen, vielen, möglicherweise vor Millionen von Jahren stattgefunden hat. Das, was wir in den weit entfernten Sternen und Galaxien sehen, ist längst, längst Vergangenheit. Womöglich existiert der eine oder andere Himmelskörper schon lange Zeit nicht mehr.

Umgekehrt aber ist es fast noch anregender, darüber nachzudenken, wie sich unser kleiner Planet Erde einem eventuellen Beobachter, der, sagen wir einmal, eine Million Lichtjahre entfernt ist, in einem ganz frühen Zustand präsentiert. Das Wesen auf einem fernen Stern könnte je nach Entfernung just in diesem Augenblick beispielsweise bemerken, wie die ersten Lebewesen aus dem Wasser gekommen sind, oder sähe das erste Säugetier. Betrachter auf einem etwa 2000 Lichtjahre entfernten Stern könnten also Zeugen der Geburt und drei Jahrzehnte später der Kreuzigung des Erlösers werden. Und von einem Stern, der tausend Lichtjahre entfernt ist, könnte ich, der ich gerade diesen Aufsatz schreibe, mit einem superscharfen Riesenfernrohr, obwohl ich längst,

längst verstorben bin, in tausend Jahren in meiner
jetzigen Arbeit beobachtet werden.

Natürlich weiß ich, dass es sich dabei um Speku-
lationen handelt. Aber mich bewegt dennoch der
Gedanke, dass in einer entsprechenden Entfernung
von unserem Planeten irgendetwas da ist, obwohl es
eigentlich längst vorbei ist. Vielleicht vermittelt dieser Gedanke aber auch irgendwie eine Ahnung davon, dass unser Leben bei jenem »großen Beobachter«, oder sollte ich besser sagen »Beschützer«, der ja
über Raum und Zeit steht, immer irgendwie als
Ganzes überblickbar und aufgehoben ist. Da fällt mir
dann wieder das Kinderlied ein, in dem bekanntlich
ja auch jene besagten Himmelskörper eine Rolle
spielen: »Weißt du, wie viel Sternlein stehen ...« In
diesem Lied kommt nämlich die so tröstende Feststellung zum Ausdruck, dass es bei all der unendli-
chen und unüberschaubaren Fülle von Sternen jemanden gibt, der uns in unserer zeitlichen und
räumlichen Winzigkeit kennt und lieb hat.

Uns ist eine ewige Heimat versprochen

Lass leuchten deinen Stern im Dunkeln, Herr,
der uns führt und leitet durch Nacht und Nebel,
heim in die ewige Heimat,
die wir uns vielleicht gar nicht so fremd
und so überirdisch vorstellen wollen.
Ludwig Thoma hat diese Nacht des Heils
in unsere bayerische Heimat verlegt
und sie uns deswegen so nahe gebracht.
Warum dürfen wir uns das ewige Heil,
das uns in dieser Nacht zugesagt wurde,
nicht schon ein wenig vertraut
und bekannt vorstellen?
Er, der alles gemacht hat,
warum sollte er nicht
die Macht und die Gnade haben,
auch da drüben
noch ein bisserl was von unserem Herüben
sein zu lassen?

Gnaden bringende Weihnachtszeit

Es gehört zu den vielen Merkwürdigkeiten unserer Zeit, dass Advent und Weihnachten auf den ersten Blick noch nie so lange und intensiv gefeiert wurden wie heute. Schon Wochen vorher werden Schokoladennikoläuse, Adventskränze und Christbaumschmuck angeboten, die Reklame verkündet vornehmlich unseren Kindern schon fast seit Mitte Oktober, was sie alles auf ihren Weihnachtswunschzettel zu schreiben haben. Und jeder freie Platz unserer Stadt, aber auch schon fast jedes kleineren Ortes ist voll von Buden irgendeines Christkindlmarktes.

Wer dann genauer hinschaut, entdeckt freilich, dass der Sinngehalt von Advent und Weihnachten, aber auch des Nikolausfestes kaum mehr vorhanden oder völlig pervertiert ist. Wie gerne erinnere ich mich noch jener einfachen Adventskalender, die man nach dem Krieg wieder erhalten konnte, in denen beim Aufmachen irgendein schönes, lustiges Bild war. Man hat sich im Voraus schon auf den nächsten Tag und dieses harmlose Bildchen gefreut. Dann kamen die Adventskalender, in denen Geschenke oder Süßigkeiten enthalten waren. Heute sind unter anderem Adventskalender auf den Markt gekommen, in denen vier Wochen lang jeden Tag ein neues Playmate, eine Schönheit aus dem Playboy, sich hinter dem Türchen verbirgt.

»Jedem Türchen sein Pläsierchen«, möchte ich sagen. Aber dass man die Begriffe Weihnacht und Advent dazu benutzt, Artikel aus Beate Uhses Sexshop auch noch in die Nähe jenes Heilsereignisses zu rücken, lässt schon allmählich die Frage nach dem guten Geschmack aufkommen.

Ähnlich geht es mir mit manchen Weihnachtsfeiern, die mit dem Heilsereignis jener Nacht nichts mehr gemein haben. Wenn allerdings laut einer statistischen Erhebung bereits etwa acht Prozent der Bürger unserer Bundesrepublik Deutschland das Weihnachtsfest für ein Märchen der Brüder Grimm halten, wundert einen langsam nichts mehr. Da sind dann auch zentrale Wörter der Heilsgeschichte entweder sinnentleert oder überhaupt unbekannt. Eines dieser Wörter ist mit Sicherheit das der »Gnade«.

Wie viele vornehmlich jüngere Menschen können sich nämlich noch etwas vorstellen, wenn von der »Gnaden bringenden« Weihnachtszeit gesungen wird? Und was bedeutet das, wenn man (sofern man das überhaupt noch tut) betet: »Gegrüßet seist du, Maria, voll der Gnade …«? Wenn es hoch kommt, erinnert man sich vielleicht noch an seinen Geschichtsunterricht, an die Kaiser »von Gottes Gnaden«, kennt noch den Spruch »Gnade vor Recht ergehen lassen«, verbindet noch etwas mit dem Zeitwort »begnadigen« oder dem Adjektiv »gnädig«.

Vielleicht hat das Wort Gnade seine Bedeutung verloren in einer Zeit, in der man mehr an den Fortschritt als an Gott glaubt und der Überzeugung ist, »der Fortschritt wird's schon richten«, alles würde mit der Zeit machbar und herstellbar. Außerdem, auch das ist eine Ideologie unserer Tage, gibt es ja den Staat und das soziale Netz und alle möglichen Instanzen, die für uns zu sorgen haben. Auf das alles haben wir mehr oder weniger Anspruch und wir sind nicht auf die Gnade anderer oder eines anderen angewiesen. Allenfalls in Grenzsituationen, dann, wenn unser Leben bedroht ist, geht dem einen oder anderen ein Licht auf, wie viel wirklich »von Gnaden« ist.

Nun ist es halt so, dass man nur, wenn es einem schlecht geht, merkt, wie man auf »Gnad und Verderb« ausgeliefert sein kann und wie not-wendig im wahrsten Sinne des Wortes es sein kann, dass man sich an jemanden wendet, der die Not lindern oder in der Not Beistand sein kann, an einen gütigen und gnädigen Gott, der, ohne dass er uns etwas schuldet, von sich aus seine Hand nach uns ausstreckt.

Nur ein wenig gesunde Selbsteinschätzung müsste uns eigentlich zeigen, wie wenig wir im Endeffekt vermögen und was wir eigentlich sind. Ich habe die Frage, was wir denn sind, in Gedichtform gestellt:

> A Blume, die kaum
> dass' erst blüht, schon verblüht,
> a Fünkerl, a kleins,
> das im Windhauch verglüht,
> a bisserl a Menschsein,
> a Wachsn, a Werdn,
> a bisserl a Lebn
> und a bisserl a Sterbn,

a Stäuberl
am Mantel der Ewigkeit dro':
Was samma denn scho'?

A wengerl a Unruh,
a wengerl a Sorgn,
a Wandern, a kurz's,
zwischen gestern und morgn,
vom Dunkeln ins Helle,
ins Lebn 'nei' a Schritt
und vom Hellen ins Dunkle
der Schritt wieder zrück,
dahin, wo man nie mehr
zrückkomma ko':
Was samma denn scho'?

A bisserl a Hoffen,
a bisserl a Freud,
a bisserl a Angst
und a bisserl a Leid,
a bisserl
a Daseindürfen herübn,
a bisserl a Warten,
a Ausschaugn nach drübn,
a bisserl a Abschiednehmen
dann no':
Was samma denn scho'?

Ja, was sind wir denn schon? Ein Stäubchen am
Mantel der Ewigkeit. Wer nicht an einer grenzenlo-

sen Selbstüberschätzung leidet, muss dieses Ausschauen nach dem Heil, dieses adventliche Warten auf jemanden, er die Güte und die Gnade hat, uns zu retten, mit der grundsätzlichen, dem Wesen des Menschen entsprechenden Haltung betrachten. Ein altes Adventslied formuliert ja so schön: »Tauet, Himmel, den Gerechten, Wolken, regnet ihn herab, rief das Volk in bangen Nächten, dem Gott die Verheißung gab: einst den Mittler selbst zu sehen und zum Himmel einzugehen. Denn verschlossen blieb das Tor, bis der Heiland trat hervor.«

Es ist kein Widerspruch zum wissenschaftlichen Denken, wenn wir den Ursprung allen Lebens, aber auch unseres persönlichen Lebens, als ein Geschenk anerkennen, das von Gnaden kommt. Denn es ist nun allemal ein Glück, dass wir das Licht der Welt erblicken durften. Unzählige Begegnungen waren notwendig, die nicht einer mechanischen Planungskonzeption entsprangen, damit wir nach einer langen, langen Ahnenkette da sein dürfen.

Der moderne Mensch scheint sich etwas zu vergeben, wenn er die Geburt eines Kindes nicht mehr mit den Worten ankündigt: »Uns wurde ein Kind geschenkt«. In einer modernen Geburtsanzeige habe ich bereits die Worte gelesen: »Geplantes Projekt abgeschlossen«. Auch wenn das ironisch gemeint sein mag, kennzeichnend ist doch deutlich eine gewisse Machbarkeitseuphorie, derzufolge alles planbar, organisierbar und herstellbar ist. Ist es nicht ein verhängnisvoller Irrtum, zu glauben, man würde unabhängiger, reicher und mächtiger werden, wenn man auf den Blick nach oben verzichtet? In diesem Sinne ist es wohl besser, sich auf jemanden zu verlassen, als verlassen zu sein:

> Dass nichts, was du gmacht hast,
> ins Nichts rein verrinnt,
> dass die Lieb übern Hass
> doch im Letzten gewinnt,
> dass am End nicht das Dunkle
> und Finstere ist,
> sondern 's Helle und 's Lichte
> und dass auch gewiss
> das Letzte nicht Angst ist,
> Krankheit und Not,
> sondern 's Leben am Schluss
> triumphiert übern Tod.
> Mein Gott, lass mich glauben,
> was ich glaubn möcht so gern.
> Schenk uns deine Gnade,
> dann wird's schon was werdn.

Weil du da bist

Weil du da bist,
ist nichts verlorn in der Welt:
kein Blatt, das umsonst
wo vom Baum runterfällt,
kein Lied, das ein Vogel
vergebens singt,
kein Ton und kein Laut,
der einfach verklingt.
Keine Blüte und Blume
verwelkt ohne Sinn.
Kein Bach und kein Fluss
verrinnt bloß wohin.
Kein Weinen, kein Lächeln,
nicht Bitt, nicht Gebet,
es gibt nichts,
was einfach bloß sinnlos vergeht.
Jedes Hoffen und Sehnen,
jeder Wunsch, jeder Traum
hat in dir drin sein Ziel,
seinen Ort, seinen Raum.
Weil du da bist,
ist alles geborgen, was ist,
und mir ist nicht angst mehr,
mein Gott, weil du bist.

Und Friede den Menschen auf Erden

oder:
Wenn unser Nächster uns zu nahe ist

Vom Frieden

Schön wär's schon, wenn's ihn überall gäb,
und wenn ich's wirklich erleben tät,
dass nicht alle bloß davon nur reden,
selbst aber niemals Frieden geben,
sondern bloß fürn Frieden recht laut protestieren,
mit Prügeln und Steinen dafür demonstrieren,
dass Nationalisten und Separatisten
alle zusammen fürn Frieden wettrüsten,
dass Panzer sie baun und Atome nur spalten,
einzig damit sie den Frieden erhalten,
und dass sie am Ende doch wieder meinen,
den Frieden zu schaffen durch Krieg, einen kleinen
– es dürft aber ruhig auch ein größerer sein,
denn der Zweck, der wäscht die Mittel rein.
Wenn sie Häuser anzünden, kurz und klein alles
schlagen
– sie machen's ja nur, wie sie dann immer sagen,
damit sie uns endlich den Frieden bescheren,
weil die Verhältnisse dann viel friedlicher wären.
Was ist schon dabei, wenn auf alles sie schießen
und wenn dabei die dran glauben müssen,
die sicher am wenigsten schuld daran sind:
alte Frauen und Männer, eine Mutter, ihr Kind.
Da wird schön langsam, wenn ehrlich man ist,
beim Blick in die Zeitung man schon Pessimist
und glaubt, dass die Menschheit erst Frieden dann hätt,
wenn im Kampf um den Frieden sie sich ausrotten
tät.

Nachbarschaft heute

Komisch, die Wände
der Wohnungen und Zimmer
werden in den Häusern, scheint's,
immer noch dünner.
Man hört die Nachbarn
beim Reden und Lachen,
beim Baden, beim Spülen,
was sie auch machen.

Den Radio, Fernseher,
man hört alles rüber.
Und die anderen
hören dafür uns hinüber.
Und trotzdem, so nah
uns die Nachbarn auch schienen,
man hört manchmal auch
recht wenig von ihnen.

Wenn der Nachbar in Not ist
und wenn's ihm schlecht geht,
wenn er Angst hat
und wenn er allein bloß dasteht,
wenn er krank ist und arm
und wenn's ihn recht schlaucht,
man hört ihn kaum rufen,
wenn er uns braucht.

Drum glaub ich, wir sollten
uns schon einmal fragen,
warum über zu dünne
Mauern wir klagen,
wo die Mauern vorm Herzen
immer dicker doch werden
und wir unsern Nachbarn
kaum sehn mehr und hören.

Friedenserziehung

Frieden
Friedens-Erziehung
Friedens-Erziehungs-Forschung
Friedens-Erziehungs-Forschungs-Institut
Friedens-Erziehungs-Forschungs-Instituts-
Verwaltung
Friedens-Erziehungs-Forschungs-Instituts-
Verwaltungs-Gelder
Friedens-Erziehungs-Forschungs-Instituts-
Verwaltungs-Gelder-Beschaffung
Friedens-Erziehungs-Forschungs-Instituts-
Verwaltungs-Gelder-Beschaffungs-
Meinungs-Bildung
Friedens-Erziehungs-Forschungs-Instituts-
Verwaltungs-Gelder-Beschaffungs-
Meinungs-Unterschiede
Friedens-Erziehungs-Forschungs-Instituts-
Verwaltungs-Gelder-Beschaffungs-
Meinungs-Streit
Meinungs-Streit
Streit

Nächstenliebe

Es schimpft sich recht leicht
übers Dunkel der Welt,
aber wer ist schon da,
der ein Licht hinausstellt,
eine Kerze anzündt
und die stockfinstre Nacht
ein kleins bisschen heller
und lichter so macht.
Von Taten, von großen,
spricht man, macht Getu,
aber wer tut fürs Heut
etwas Kleines dazu?
Von der ganz fernen Zukunft,
da redet sich's leicht,
aber schwer ist's bereit sein,
wenn der Nächste mich bräucht.
Ja, die Nächstenliebe
wär gar nicht so schwer,
wenn der Nächste nicht gar
so nah bei uns wär.

Unsere Nächsten

Die, die ein bisserl komisch uns scheinen,
die, die anders ausschauen wie unsereiner,
die, mit denen keiner sonst redt,
die, denen viel daneben halt geht,
die, die keiner mehr großartig findt,
die, die alt und einsam sind,
die, die niemand mehr interessieren,
die, die darum schon fast resignieren,
die, über die sich die andern beklagen,
die, die in der Konkurrenz versagen,
die, die verschüchtert sind und sich nichts trauen,
die, die langsam verliern ihr Vertrauen,
die, die oft verzweifeln am Heut,
die, die niemanden haben zur Zeit,
die's, wie man bei uns sagt, furchtbar tut schlauchen:
Das sind unsre Nächsten, die uns vielleicht brauchen.

Zeitgemäße Hilfsaktion

Ich helfe ...

Ich müsste helfen ...

Man müsste helfen ...

Man müsste nachdenken, wie man helfen könnte ...

Man müsste drüber diskutieren, wie man übers Helfen nachdenken könnte ...

Man müsste eine Kommission einberufen, wo man drüber diskutiert, wie man übers Helfen nachdenken könnte ...

Man müsste einen Termin für eine Tagung finden, wo man sich klar wird, welche Leute in die Kommission hineinkommen, in der man diskutiert, wie man übers Helfen nachdenken könnte ...

Man müsste ...

Hilft nichts: Es hilft sowieso nichts mehr!

Man müsst viel anders machen

Wenn ich so rumschau
und wenn ich mich umschau,
spann ich, wie mies
so viel leider ist.
Rund um uns her
gäb's sicher mehr,
das geändert gehört,
damit anders es wird.
Zum Reformieren
sollt ma probieren:
Man müsst viel Sachen
ganz anders machen.
Die Müh vergrößern
um zu verbessern,
wo so viel fehlt,
sollt die ganze Welt,
sollten Gesellschaft und Leut
am bestn noch heut ...
Bloß dass damit
als erstn Schritt
ich sollt anfangen,
kann keiner verlangen.

Der barmherzige Samariter heute

Wer unser Nächster ist, sagt uns wohl am eindringlichsten das Gleichnis vom barmherzigen Samariter:

Da nahm Jesus das Wort und sprach: »Ein Mann ging von Jerusalem hinab nach Jericho und fiel unter die Räuber. Die plünderten ihn aus, schlugen ihn wund, ließen ihn halb tot liegen und gingen davon. Zufällig zog ein Priester denselben Weg hinab. Er sah ihn und ging vorüber. Ebenso kam ein Levit dorthin, sah ihn und ging vorüber. Auch ein Samariter kam auf seiner Reise in seine Nähe. Als er ihn sah, wurde er von Mitleid gerührt. Er trat zu ihm hin, goss Öl und Wein auf seine Wunden und verband sie. Dann hob er ihn auf sein Lasttier, brachte ihn in eine Herberge und sorgte für ihn. Am anderen Tag zog er zwei Denare heraus und gab sie dem Wirt mit den Worten: ›Sorge für ihn. Was du noch darüber aufwendest, werde ich dir bezahlen, wenn ich zurückkomme.‹ – Wer von den dreien hat wohl als Nächster gehandelt an dem, der unter die Räuber gefallen war?«

Jener antwortete: »Der ihm Barmherzigkeit erwiesen hat.«

Und Jesus sprach zu ihm: »Geh hin und tue desgleichen!«

Wie würde diese Geschichte in einer Zeit des vielen Redens und Herumdiskutierens sich vielleicht heute abspielen?

Ein Mann ging von Jerusalem nach Jericho und fiel
Räubern in die Hände. Diese plünderten ihn aus und
schlugen ihn zusammen, ließen ihn halb tot liegen
und verschwanden.
    Eine Gruppe Diskutierender kam vorbei:

»Schauts hin, da dort, da liegt wer, der blut'!
Weiß jemand von euch, was man da vielleicht tut?«
»Das geht nicht so schnell, z'erst gehört diskutiert,
damit demokratisch verfahren auch wird.«
»Die Diskussionsleiterwahl kommt erst dran,
dann sehn wir schon weiter, dann fangen wir an!«
Nachdem man das Wahlrecht hat lang diskutiert,
hat man die Gesellschaftslage studiert.
»Das Unglück, in das so ein Opfer reinrennt,
ist typisch für den westlichen Leistungstrend!«
»Dass Räuber rumlaufen, das kommt bloß von dem
bourgeoisen Konsumzwang und Herrschaftssystem!«
»Da schauts, wie er jammert«, so meint einer nun,
»wie könnt man jetzt helfen, was solln wir jetzt tun?«
Das hätt er nicht fragen sollen, der Reaktionär,
denn jetzt fallen alle über ihn her:
»Ja bist denn du närrisch, du bist ja borniert,
bevor man was tun darf, gehört reflektiert.
Was hilft schon die Hilfe? Die wär viel zu bequem
und dient ja bloß unserm Gesellschaftssystem!«
»Und ich glaub sogar«, hat sich einer gemeldet,
»dass es uns vor allem an Räubern noch fehlt.
Je mehr dass es Räuber bei uns herin gibt,
desto mehr wird das hiesige System doch durchsiebt.

Wenn alle Räuber und Diebe man packt,
bleibt alles beim Alten, 's System bleibt intakt!«
»Und außerdem«, meint wer, »nie ganz sicher du bist,
ob das Opfer mit uns solidarisch auch ist.«
»Doch wir tun ihm was Gutes und geben ihm dafür
zuerst einmal unser Grundsatzpapier.«
Das habens' dem Opfer in die Hände gedrückt,
doch der stöhnt bloß und jammert, ist gar nicht
                                        beglückt.
Und bevor man die Lage zu End diskutiert,
ist der arme Hund am Wegrand krepiert.

(nach einer Idee von K. Lefringhausen)

Gib mir die Kraft

Es ist so viel Traurigkeit, Schmerz und Leid
in unserer Welt, in unserer Zeit.
Bitte gib mir den Mut und gib mir die Kraft,
dass ich es versuch, wenn ich's auch nicht gleich schaff,
Licht zu sein, wo Dunkel und Nacht,
das alles ein wenig freundlicher macht.
Wärme zu spenden, wo Kälte und Eis,
Kühlung zu bringen, wo Hitze und Schweiß.
Dach zu sein, Schirm, Schutz und Zelt,
wo schutzlos der andre inmitten der Welt.
Brücke zu sein, wo Schluchten und Kluft.
Da zu sein, wenn mich wer ruft.
Das zu tun, was immer ich kann,
bereit zu sein, wenn du irgendwann
mich abrufst schließlich einmal zu dir.
Ich bitt dich, mein Gott, gib die Kraft mir dafür.

Nur ein kleines Stück Brot

Nicht der Strom lass uns sein,
der Meere ausfüllt,
nur ein Becher voll Wasser,
der den Durst jemand stillt.
Nicht Festmahl lass sein uns,
nur ein kleines Stück Brot,
zu lindern, wo nötig,
des Hungernden Not.

Vom Kleinen und vom Großen

Die kleinen Sachen
das Große erst machen.
Erst die Sekunden
ergeben die Stunden,
das Kleine bloß
macht 's Große groß.
es fängt alles an mit
dem ersten Schritt,
klein, kaum zu sehn.
Doch den auch zu gehn,
das ist halt gerad
die große Tat.

Jericho ist überall

Der Nächste und Jericho
sind nicht irgendwann, irgendwo.
Jericho ist vor unsrer Tür
und du brauchst nur ein Ohr dafür,
ein Auge, das schnell entdeckt,
eine Hand, die sich dann ausstreckt,
wenn dich irgendwo irgendwer
täglich neu braucht rund um uns her.

Der Nächste wohnt nebenan,
ist ein Rentner, ein alter Mann,
der einsam den Tag verbringt,
ist im Rollstuhl das kleine Kind,
ist der, den sonst niemand grüßt,
ist der, der verzweifelt ist,
ist der, den man sonst verlacht,
über den man sich lustig macht.

Der Nächste und Jericho
sind nicht irgendwann, irgendwo.
Der Nächste ist immer da,
der Nächste ist immer nah,
es liegt an uns, ihn zu sehn,
zu helfen, ihm beizustehn.
Genauso wie seinerzeit
braucht der Nächste uns heut.

Lass mich dran denken

Bitt schön, lass mich dran denken,
dass über andere nicht
bloß dumm und gedankenlos
einfach man spricht.
Lass mich nicht urteilen,
beschimpfen gar wen,
bevor ich den Menschen
nicht ganz genau kenn.

Bevor ich nicht gschlüpft bin
in seine Haut
und mich gfragt hab,
wie da drin das Leben ausschaut,
bevor ich probiert hab
das Schauen noch nicht,
so schauen, wie er's sieht
wohl aus seiner Sicht.

Bevor dass ich nicht
seinen Rucksack getragen,
sein Zimmer bewohnt hab,
lass mich nicht sagen
über jemanden etwas,
was schlecht ist und dumm.
Lass mich dran denken,
ich bitt dich darum!

Alles ist neu geworden

Durch die Zusage im Stern der Heiligen Nacht und in der Erscheinung des Herrn haben wir den Grund bekommen, von dem aus wir den Sprung in die Hoffnung wagen dürfen, denn alles ist neu geworden durch die Geburt des Herrn, durch das Licht, das uns erschienen ist.

So heißt es im Psalm 72:

Er wird Recht schaffen den Gebeugten im Volk,
Hilfe bringen den Kindern der Armen.
Er soll leben, solange die Sonne bleibt und der Mond
bis zu den fernsten Geschlechtern.
Es ströme wie Regen herab auf die Felder,
wie Regenschauer, die die Erde benetzen.
Die Gerechtigkeit blühe auf in seinen Tagen,
denn er rettet den Gebeugten, der um Hilfe schreit,
den Armen und den, der keinen Helfer hat.

Er erbarmt sich des Gebeugten und Schwachen,
er rettet das Leben der Armen.
Von Unterdrückern und Gewalttat befreit er sie.
Im Land gebe es Korn in Fülle.
Es rausche auf den Gipfeln der Berge.
Sein Name soll ewig bestehen.
Glücklich preisen sollen ihn alle Völker.

Bitte zeig uns das Land

Kein Mensch mehr muss hungern,
für alle gibt's Brot,
nicht Armut, nicht Leid,
kein Schmerz, keine Not.

Die Traurigkeit lebt
als Erinnerung nur,
überall ist nur Leben,
vom Tod keine Spur.

Nicht Unruh, nicht Hast
in dem Land weit und breit,
das Glück kennt die Uhr nicht
und alles hat Zeit.

Jede Hoffnung wird wahr,
es erfüllt sich Vertraun,
denn Gott wohnt bei uns,
wohnt gleich hinterm Zaun.

Bitte zeig uns das Land,
bitte zeig uns, wo's liegt,
dieses Land, das es irgendwo,
irgendwann gibt.

(nach einer Idee von Otto Wiemer)

Wachet auf

oder:
Die Weihnachtszeit regt uns zum Nachdenken an

Woran denken Sie, wenn Sie das Wort »Weihnacht« hören?

Soviel ich weiß, gibt es, trotz der Fülle der so genannten repräsentativen Umfragen, die allenthalben gemacht werden und die Daseinsberechtigung der sogenannten Meinungsbefragungsinstitute rechtfertigen, noch keine Dokumentation, woran unsere Bundesbürger in erster Linie denken, wenn sie das Wort »Weihnachten« hören. Ich habe mich, ohne »repräsentativ« sein zu wollen, einmal ein wenig umgehört.

Natürlich fällt das Ergebnis je nach den verschiedenen Altersstufen anders aus. Es ist sicher kein Wunder, dass viele noch immer mit einem »ans Christkind« antworten. Nun kann es dabei allerdings leider auch passieren, dass manche Kinder das geschichtliche Weihnachtsereignis lediglich mit einer Geschichte oder gar einem Märchen, wie dem von Schneewittchen, gleichsetzen.

Bei vielen Erwachsenen, die wir befragt haben, begann die Antwort mit einem »Oh mei, eine Hetze und ein Stress«. Einige sagten gar: »Froh bin ich, wenn es wieder vorbei ist.« Sie schimpften auf das völlig überflüssige Geschenkebesorgen und Weihnachtskartenschreiben und jammerten, dass man sich das Ganze endlich sparen solle, weil das doch nichts mit Weihnachten zu tun habe. Was allerdings wirklich mit Weihnachten zu tun hat, sagten sie meist auch nicht.

Fast alle Leute, die wir befragt haben, brachten Weihnachten mit persönlichen Erinnerungen in Verbindung oder erzählten sogar ein wenig aus ihrer Kinder- oder aus der Nachkriegszeit, in der man noch viel weniger hatte und sich über das Kleine, das man geschenkt bekam, noch wirklich freuen konnte.

Die Angehörigen von Musik- und Gesangsgruppen, Musikantinnen und Musikanten und Zitherclubsmitglieder antworteten oft mit einem »In dem Jahr wird's wieder ganz besonders schlimm. Wir sind schon bis zum letzten Tag ausgebucht und müssen am Abend sogar zwei- bis dreimal auftreten.«

Für die Theaterakteure von den kleinen Laienbühnen bis zum Staatsschauspieler bietet Weihnachten meist ein ausgefülltes Programm, in dem man dann in der Regel die »Heilige Nacht« von Ludwig Thoma mehr oder weniger gut zum Besten gibt und mit meist mehr schlecht als recht gespielter Ergriffenheit der Tatsache Ausdruck verleiht, dass sich die Zeiten eigentlich gar nicht geändert haben und das heilige Paar wie seinerzeit wohl vor verschlossenen Türen stünde. Wie wäre es, wenn diejenigen, die mit der »staaden Zeit« ihr Geld machen, anstatt nur der großen Trauer über die mangelnde soziale Sensibilität unserer Tage Ausdruck zu verleihen, wenigstens ein Zehntel der Gage für Flüchtlinge und Obdachlose zur Verfügung stellten?

Ja, und woran denken nun Sie, wenn Sie das Wort »Weihnacht« hören? Ich habe vor Jahren meinen Studenten dieses Wort vorgelegt und ihnen den

Auftrag gegeben, zu den einzelnen Buchstaben dieses Wortes ihre Vorstellung niederzuschreiben, zum Beispiel: »**W** wie Wünsche«, »**E** wie Einkaufen«. Für gar nicht so wenige wurde das **I** zum »Insichgehen«, das **H** zum »Heilsereignis« und das **N** zum »Nachdenken«, das **A** zur »Ankunft des Herrn«, das **CH** zu »Christus«, das **T** zur »tätigen Nächstenliebe«.

Jetzt denken Sie bitte einmal darüber nach, was Ihnen zu diesen Buchstaben einfällt. Ich nehme nun den Buchstaben **E** heraus. **E** wie Erlöser. Wer kann mit dem Begriff der Erlösung überhaupt noch etwas anfangen? Es wäre sicher auch eine interessante Befragung, was sich Menschen unserer Zeit überhaupt unter Erlösung vorstellen, worin sie ihre Erlösung, ihr Heil suchen und finden.

Etwa durch die Befreiung aus der Tradition, den gesellschaftlichen Normen und religiösen Bindungen? In dem ominösen Wort der »Selbstverwirklichung« steckt für mich auch die Lösung aus den vermeintlichen Zwängen, ein Freiwerden für Wesentliches und Wichtiges. Was dieses aber wiederum ist oder sein könnte, darüber macht man sich nicht unbedingt viele Gedanken. Man kann feststellen, dass sich gerade die, die sich aus betimmten Zwängen gelöst zu haben meinen, oft in neue, teilweise wesentlich größere Abhängigkeiten begeben haben. Manchmal führt diese Selbsterlösung sogar zur Flucht in irgendwelchen Aberglauben.

Es wäre zumindest ein nachdenkenswerter Weihnachtsgedanke, ob wir uns wirklich selber erlösen können oder ob wir dazu nicht auch den anderen brauchen. Sehen wir Erlösung als »Einpersonenstück« an, als bloßen Monolog, oder als einen Dialog, eine Antwort und Tat mit und an anderen?

Wir sollten uns, nicht nur zur Weihnachtszeit, an die Frohe Botschaft erinnern, von der sicher hilfreichere Anweisungen gegeben werden als von den meisten Lebenshilfe-Programmen.

Das Leise verstehn

In unserer Zeit,
wo bloß ghört wird, wer schreit,
wo mit Phonzahl man misst,
wer der Bessere ist,
in unserer Welt,
wo das Laute bloß zählt,
wo man meinen könnt, bloß
das Laute wär groß,
wär's öfter nicht schlecht,
wär's öfter ganz recht,
wenn man dran denkt, wie viel
ganz Großes oft still,
so leise geschieht,
dass man's fast gar nicht sieht.

Am Himmel die Stern',
da ist nichts zu hörn,
ziehen ruhig ihre Bahn
vom Anfang her an.
Der Tag und die Nacht,
die kommen ganz sacht
und gehen bald schon
still wieder davon.
Das Jahr geht den Kreis
ganz still und ganz leis.

Wie was wächst und was grünt,
gwiss keiner vernimmt −

und tät er auch gern
das Gras wachsen hörn.

Die Zeit, die nie ruht,
ihr Werk immer tut,
unhörbar sie teilt,
an allem dran feilt.

Und wer steht im Leben
bei uns stets daneben?
Wer ist's, der schon jetzt
seine Sense still wetzt?

Und zu guter Letzt, wer
wirkt leiser wie ER?
Du siehst ihn oft nur,
spürst du auf seine Spur.
Überhörst da und dort
seine Sprache, sein Wort.

Drum horch dich nur um:
Die Welt ist nie stumm.
Willst, was wichtig ist, sehn
musst du 's Leise verstehn,
dein Herz muss hinhörn,
du selbst ganz still werdn.

Gott

»Der Unglaube ist der ständige Stachel des Glaubens«, hat Peter Wust einmal gesagt. Dies trifft gewiss
auf manche Leute zu, die vorgeben Atheist zu sein.
Denn irgendetwas glauben sie allemal. Auch der
Atheist glaubt ja daran, dass es keinen Gott gibt. Wobei es natürlich oft ein wenig paradox klingt, wenn
er beteuert: »Ich bin froh, dass ich Atheist bin. Gott
sei Dank.«

Nun ist es sicher so, dass auch ein gläubiger
Mensch Schwierigkeiten mit seinem Glauben bekommen kann und es ihm nicht leicht fällt, Gott zu
begreifen. Aber gehört diese Unbegreiflichkeit nicht
irgendwie zum Gottesbegriff? Deshalb stellt auch
Graham Greene fest: »Ich würde mich weigern an
einen Gott zu glauben, den ich verstehen könnte.«
Aber auch wenn man ihn nicht begreift beziehungsweise nicht begreifen kann, werden wir doch immer
wieder von ihm ergriffen. So meint Charles Journet:
»Es ist wahr, dass man über Gott nicht sprechen
kann, aber noch weniger kann man über ihn schwei-
gen.«

Ist es nicht interessant, dass auch die moderne Naturwissenschaft in zunehmender Weise Gott ins Spiel
bringt? Das geschieht vornehmlich da, wo sie wieder
über ihren Urgrund nachdenkt und plötzlich auch
ihre Grenzen erkennt, indem sich ihr immer mehr
Fragen stellen, die naturwissenschaftlich nur schwer
oder gar nicht zu beantworten sind. Es sind dies die

uralten Fragen der Menschheit nach dem Woher, dem Warum und dem Wohin.

Da ist es bemerkenswert, dass an die Stelle eines allenfalls deistischen Gottesbildes, eines Gottes, der die Schöpfung ein für alle Mal mit dem Schöpfungsakt beendet hat, ein »lebendigeres« Gottesbild getreten ist. Es wird sogar der Einstein'sche Satz »Gott würfelt nicht« angezweifelt, indem man von naturwissenschaftlicher Seite die Schöpfung als etwas nicht Abgeschlossenes, Kreatives und Spielerisches betrachtet. Werner Heisenberg hat den wichtigen Satz gesprochen: »Der erste Trunk aus dem Becher der Naturwissenschaft macht atheistisch, aber auf dem Grund des Bechers wartet Gott.«

So kommt dann aber auch wieder ein vielleicht auch bei Gläubigen etwas vernachlässigter Gedanke ins Spiel, dass man Gott nicht nur als »lieben«, sondern auch als »allmächtigen«, »gewaltigen« Gott anerkennt und verehrt. Bei immer mehr bedeutenden Naturwissenschaftlerinnen und Naturwissenschaftlern finden wir deshalb eine Haltung, die leider manchen Geisteswissenschaftlern abhanden gekommen ist, die der Ehrfurcht und der Demut vor dem Unbegreiflichen. »Gott ist das dunkelste aller Geheimnisse und zugleich das sichtbarste; er ist wie eine grelle, blendende Finsternis«, stellt Peter Lippert fest.

August Everding hat einmal gesagt, dass er weniger auf einen gerechten Gott hoffe als vielmehr auf einen gütigen. Aber auch auf einen allmächtigen können wir allemal vertrauen, wenn wir uns intensiv mit der Großartigkeit der Schöpfung im Sinne der neuesten naturwissenschaftlichen Erkenntnisse auseinander setzen. Und da können sich dieses Hoffen und Vertrauen verbünden, indem wir zu unseren eigenen Gunsten die Frage stellen, ob dieser allmächtige Gott etwas geschaffen haben soll, damit es lediglich wieder ins Nichts verrinnt.

Auch wenn sich mancher Atheist, und das muss man ihm zugestehen, eben nicht bekehren lässt, sei doch zum Schluss jene schöne Feststellung eines seiner »Kollegen« zitiert, der im Wortstreit mit einem Gläubigen gesagt haben soll: »Ich glaube jedenfalls an kein Fortleben nach dem Tod. Und wenn du gestorben bist, dann wirst du schon sehen, dass ich Recht habe.«

Aufwachen

Um die Weihnachtszeit erklingt hin und wieder noch das schöne Lied: »Wachet auf«. Es könnte nicht schaden, wenn man dieses Motto in unserer oft so verschlafenen, konsumsatten westlichen Christenheit während des ganzen Jahres beherzigte.

Wer die vielerorts immer noch sinkenden Gottesdienstbesucherzahlen registriert, muss sich nämlich ernsthaft Gedanken über eines machen: Müssten wir nicht langsam aus der traurigen Erkenntnis, dass unser Land ein Missionsland geworden ist, etwas lernen?

Die falscheste Überlegung scheint mir dabei die zu sein, die ich auch von manchen geistlichen Würdenträgern immer wieder höre: »Mein Gott, es hat in der Geschichte des Christentums immer Auf- und Abbewegungen gegeben. Zur Zeit läuft die Kurve eben nach unten, aber es wird schon wieder werden ...« Da kann man nur froh und glücklich sein, dass sich sowohl die Apostel als auch ihre Nachfolger nicht an einer solchen »Weisheit« orientiert haben. Denn sonst hätte die Ausbreitung des christlichen Glaubens wohl kaum die Fläche eines (damals noch nicht vorhandenen) Bierdeckels erreicht. Es gehört zu den modernen Merkwürdigkeiten, dass die so zentrale Aufforderung zur Mission: »Gehet hin und lehret alle Völker ...« geradezu anrüchig geworden ist. Für manche scheint sie offensichtlich im Widerspruch zu einem so viel zitierten Toleranzbegriff zu stehen, der aber in den meisten Fällen lediglich nichts anderes als Indifferenz und Gleichgültigkeit, als Passivität bedeutet. Da wir uns im Anschluss an einen solchen schwach besuchten Gottesdienst im Familienkreis immer wieder Gedanken machen, was man tun könnte, möchte ich ihnen einmal ein paar Überlegungen zum Weiterdenken anbieten.

Zu den größten Fehlern der letzten Jahrzehnte gehört es meines Erachtens, dass man glaubte das Christentum als etwas rein Verstandesmäßiges »rüberbringen« zu müssen. Es begann mit einfallslosen Kirchenbauten, die, von wenigen rühmlichen Ausnahmen abgesehen, eigentlich nur Betonklötze waren. Die Wände wurden grau oder weiß gehalten, Malerei war verpönt, weil man der Meinung war, der Gläubige könnte in seiner Meditation von irgendwelchen Farbtönen oder konkreten Bildern gestört werden, die Phantasie, das eigene Denken der Kirchenbesucher würde eingeengt. Man solle sich lieber selber seine Vorstellungen machen, also seine Glaubenswelt selbstständig an die Wand projizieren.

Der große Irrtum einer solchen Auffassung ist folgender: Man kann, sofern man nicht schon konkrete Bilder empfangen hat, nur schlecht abstrahieren. Bei den Erkenntnistheoretikern gibt es den Lehrsatz: »Im Verstand ist nichts, was nicht vorher in den Sinnen war.« Manchmal hat man den Eindruck, alles Sinnliche, Gefühls- und Gemütsmäßige wird geradezu als etwas »Unkeusches«, allenfalls etwas Sekundäres betrachtet. Ist aber nicht das Christentum von Haus aus eine leibfreundliche Religion, die doch an die Auferstehung des ›Leibes‹ glaubt?

Mir persönlich kommt es manchmal fast selbstzerstörerisch vor, welche Fehler in den letzten Jahren im Architektonischen, in der Ausstattung christlicher Stätten, nicht zuletzt aber auch beim Liedgut gemacht wurden – jedenfalls, wenn man das alles im Hinblick auf den zugegebenermaßen etwas unscharfen Begriff des Schönen betrachtet. Man muss nicht ein Anhänger allzu kitschiger Bildchen, Lieder und Geschichten sein, um zu fragen, warum man teilweise wirklich hässliche Bilder und dissonante Lieder favorisierte. Die Begriffe des Schönen, Harmonischen, Wohlklingenden wurden ohne sinnvolle Begründung einem recht fragwürdigen Wahrheitsbegriff geopfert, wonach die Realität in der Regel nicht schön und nicht harmonisch ist. Wo blieb in den letzten Jahrzehnten das positive Denken, das Konstruktive, Aufbauende? Es wurde weitgehend einem sogenannten »kritischen Denken« geopfert, demzufolge alles zunächst einmal in Frage zu stellen ist. Die Frohe Botschaft hat man auf Kosten der Verständlichkeit und Ansprechbarkeit »entmythologisiert« ohne zu bedenken, dass der Mensch, vornehmlich der junge Mensch, nicht mit einem vom Fleisch befreiten dürren Gerippe leben kann.

Was also wäre hier zu tun? Gehen wir doch davon aus, dass Gott die Schöpfung bunt gemacht hat, dass er einem bekannten Spruch zufolge nicht in Moll, sondern in Dur komponierte, da ja auch alle

Vögel in dieser Tonart singen und pfeifen. Ich frage mich oft, welche Firma ihre »Ware« so schlecht verpackt verkaufen wollte wie die christlichen Kirchen (ich weiß, es ist vielleicht ein recht gewagter Vergleich für unsere Frohe Botschaft). Glaubt man im Ernst, dass das ein Zeichen von kritischem Denken ist, wenn man das viele Schöne und Gute, das durch das christliche Denken in die Welt kam und noch immer kommt, schamhaft veschweigt oder als ganz und gar selbstverständlich abtut? Wäre es nicht sinnvoll, in eine »positive Offensive« zu gehen, über Wort und Ton und auch Spiel und Gesang moderne Formen einer fröhlichen Glaubensverkündigung zu finden?

Wer die Gottesdienstbesucher genauer betrachtet, wird feststellen, dass, von wenigen Ausnahmen abgesehen, wenige Kinder und kaum Jugendliche darunter sind. Einer alten Erfahrung zufolge nutzt es wenig, wenn der Pfarrer in der Predigt darüber klagt, dass so wenig junge Leute in die Kirche gehen. Aufgrund jahrzehntelanger Beschäftigung mit der Materie weiß ich, dass die jungen Leute durchaus offen für Sinnfragen und religiöses Denken sind, leider aber von den Verantwortlichen viel zu wenig angesprochen werden. Es ist traurig, wie wenig man in der Kirche über die Welt des jungen Menschen Bescheid weiß, wie wenig man seine Sorgen und Nöte, aber auch seine Freuden und Bedürfnisse kennt.

Es bedeutet nicht opportunistische Anbiederung, wenn ich mich mit dieser Welt des jungen Menschen auseinander setze, wohl aber das Aufgeben bestimmter Klischees, Vorurteile und Denkmuster. Das heißt, dass man sich mehr in den jungen Menschen hineinversetzt, sich möglicherweise auch seiner eigenen Vergangenheit erinnert. Und das erfordert mehr Gespräche, mehr Hinhören, Hineinversetzen und auch Sich-selber-in-Frage-Stellen. Es bedeutet weiter, dass man nicht einfach wartet, bis der junge Mensch kommt, sondern um seine oft vorhandene Scheu und Berührungsängste weiß.

Das allein genügt aber nicht. Man muss auch auf den anderen zugehen, ihn ansprechen beziehungsweise abholen. Ohne alle Mode- oder Fernsehgewohnheiten ganz und gar unterstützen zu wollen sollte man sich zumindest Gedanken machen, warum ausgerechnet dieser Schlager, diese Sendung, diese Modeerscheinung den jungen Menschen so beeindrucken. Mit dem moralisch erhobenen Zeigefinger ist es sicher nicht getan. Junge Leute akzeptieren durchaus andere Standpunkte, wenn man den ihren einigermaßen ernst nimmt. Ich erlebe immer wieder die fruchtlose Klage über den »Werteverfall« oder gar den Ruf nach einer neuen Zensur und frage mich immer, wann welche Werte in der Geschichte der Menschheit jemals so hehr und rein vertreten waren, wie sich das manche Kulturkritiker heute vorstellen.

Da halte ich es allemal mehr mit dem Gedanken von Emanuel Geibel, der das für die älteste Kritik der Welt ansieht, dass man gegen das, was einem nicht gefällt, etwas Besseres stellt. Mit Zensurandrohungen oder auch sauertöpfischer Miene werden wir die jungen Leute nicht gewinnen können. Vielleicht sollte man aber auch das eine oder andere Gebet an den Heiligen Geist richten, dass er uns dazu verhelfen kann, etwas begeisternder zu wirken.

Bleib bei uns

Und die Sonne scheint
hell vom Himmelszelt.
Und der Tag ist jung,
jung ist meine Welt.
Doch ich weiß genau,
dass die Zeit nie steht,
dass der schönste Tag
mal zu Ende geht.

Herr, bleib bei uns,
wenn der Tag sich neigt,
wenn es kälter wird,
wenn der Nebel steigt.
Herr, bleib bei uns,
wenn es dunkel wird,
gib uns deine Hand,
die uns hält und führt.

Und die Straße ist lang,
steinig ist der Weg
und der Berg ist steil
und so schmal der Steg.
Und der Gipfel fern
und das Ziel ist weit
und ich bin schon müd,
bald ist Abendzeit.

Vieles auf der Welt
tun wir Hand in Hand,
viele Wege gehn
wir vereint durchs Land.
Nur bei einem Schritt
wird es anders sein,
denn beim letzten Schritt
bin ich ganz allein.

Herr, bleib bei uns,
wenn der Tag sich neigt,
wenn es kälter wird
und der Nebel steigt.
Herr, bleib bei uns,
wenn es dunkel wird,
gib uns deine Hand,
die uns hält und führt.

Zu zielstrebig

Zum Nachdenken,
wer wir sind,
woher wir sind,
was wir sollen,
wohin wir wollen,
haben wir heut
leider kaum Zeit,
weil wir uns keine Zeit genommen
um möglichst schnell hinzukommen,
möglichst schnell
hin an die Stell',
an der wir dann,
kommen wir an,
wissen gern wollten,
was wir dort sollten.

Es begab sich aber ...

»Es begab sich aber zu der Zeit, dass ein Gebot von dem Kaiser Augustus ausging ...«

Wir alle kennen den Satz, der um die Weihnachtszeit vorgelesen wird. Da ist von einem Begebnis, von einem Ereignis die Rede. Was aber ist so ein Begebnis, ein Ereignis?

Begebnisse und Ereignisse sind in der Regel nicht vorauszuberechnen. Etwas bricht sozusagen in das Leben ein. Da gibt es zwar das Sprichwort, dass große Ereignisse ihre Schatten vorauswerfen, aber eigentlich kommt das Ereignis doch eher unvorhergesehen. Es ist etwas Neues, womöglich auch etwas, das verändert.

Woran denken Sie, wenn Sie das Wort »Ereignis« hören? Bei mir taucht der Begriff Blitz auf, ein Blitz in der Dunkelheit, möglicherweise auch ein Erdbeben.

Ereignisse können etwas Gutes oder Schlechtes sein. Eine Katastrophe, ein plötzliches Unglück ist ebenso ein Ereignis wie etwas Freudiges. Gratuliert man doch zum freudigen Ereignis, zur Geburt eines Kindes.

Ereignisse haben die Geschichte der Welt und der Menschen bestimmt. Da steht schon zu Beginn der Welt das Ereignis der Entstehung, des Urknalls, wie sich die modernen Wissenschaftler ausdrücken, oder der Schöpfung, wie der Gläubige dazu sagt. Gleichsam aus dem Nichts entsteht etwas. Möglicherweise weiß man nicht einmal, woher denn dieses Ereignis kommt.

Wie oft haben unvorhergesehene Ereignisse die Geschichte einen völlig anderen Lauf nehmen lassen! Eine Persönlichkeit tritt auf, eine Erfindung oder eine Entdeckung verändert oft in kürzester Zeit den bisherigen Gang des Geschehens, bedeutet Revolution, möglicherweise aber auch Besinnung, Rückbesinnung.

Begebnisse können etwas sein, was gleichsam mit Pauken und Trompeten hereinbricht, in der Regel beginnen sie aber im ganz Kleinen. Sie sind ja auch irgendwie etwas Punktuelles. Und ein Punkt, das weiß man aus der Mathematik, hat keine räumliche Ausdehnung. Begebnisse geschehen zwar in der Zeit, aber es ist die Frage, ob sie überhaupt eine Zeitdimension darstellen. Sie entstehen aus dem Augenblick. Und auch der Augenblick, wenn man ihn genau betrachtet, hat keinerlei Ausdehnung, ist nicht messbar, er ist die Schnittstelle zwischen Vergangenheit und Zukunft. Unser ganzes Leben »begibt sich« sozusagen in Augenblicken. Jedes Jetzt ist ein Ereignis.

Verfolgen wir diesen Gedankengang einmal im Hinblick auf unsere eigene Geburt, unser eigenes Werden. Kann man den Zeitpunkt unseres Entstehens eigentlich überhaupt in Zeiteinheiten bringen? Naturwissenschaftler haben inzwischen erkannt, dass bei noch so großer Exaktheit ihrer Methoden der Begriff »Zeit« oder »Augenblick« letztlich etwas ist, was man nicht in Formeln bringen kann. Für den Beginn des Lebens, des Lebens auf dieser Welt überhaupt, aber auch unseres eigenen Lebens, gilt das Gleiche. Ist er nicht etwas, und damit wird die Frage metaphysisch, was sozusagen von einer anderen Dimension in unsere Dimension einbricht? Etwas verzeitlicht sich, verleiblicht sich. Das kann, um es platonisch zu sagen, die Verleiblichung einer Idee, oder, vom christlichen Standpunkt aus, die Verleiblichung des Wortes Gottes sein. Etwas kommt vom Transzendenten her, tritt ein. Wie heißt es wiederum im Evangelium: »Und das Wort ist Fleisch geworden und hat unter uns gewohnt.«

Diese Welt ist voller Begebnisse und Ereignisse. Eigentlich ereignet sich ständig irgendwo irgendetwas. Aber nehmen wir diese Ereignisse auch zur Kenntnis? Fühlen wir uns, wenn wir sie wahrnehmen, auch beeindruckt? Ist es nicht so, dass wir Ereignisse oft gar nicht mehr zur Kenntnis nehmen, weil sie uns zu selbstverständlich, zu gewohnt sind?

Ereignisse sind auch irgendwie eine Art Ankunft. Es ist notwendig, dass wir uns bereithalten, damit diese Ankunft auch ankommen kann. Was aber kommt in dieser lauten, schönen Welt noch an? Denn Begebnisse, die wichtig sind, können sich sehr leise abspielen.

Noch etwas. Es ist vom Sprachlichen her nicht uninteressant, dass es heißt: »*Es* ereignet sich«, »*es* begibt sich«, »*es* bricht herein«. Dieses »Es« muss nicht unbedingt etwas Unpersönliches sein. In ihm drückt

171

sich lediglich so etwas wie Unvorhersehbarkeit aus. Ereignisse sind nicht bis ins Letzte planbar, man kann sie nicht einprogrammieren. Möglicherweise bringen sie sogar ein Programm ganz und gar durcheinander. Ereignisse verhindern, dass etwas wirklich berechenbar, vorhersehbar wird. Sie überraschen, können erschrecken, aber verhindern auch, dass das Leben zu langweilig wird, weil sich nur alles ständig wiederholt. Ereignisse sind etwas Belebendes, ja geradezu Schöpferisches. Ich habe ja schon oben erwähnt, dass wir von einem »freudigen Ereignis« sprechen, wenn ein kleines Kind geboren wird. Wie sagt Jostein Gaarder in dem Buch »Durch einen Spiegel in einem dunklen Wort« so schön: »Die Welt wird jedes Mal neu erschaffen, wenn ein Kind geboren wird.«

In jener Heilsnacht wurde nicht irgendein Kind geboren, sondern *das* Kind. Man kann zur christlichen Religion stehen, wie man will, aber eines ist sicher: Das Begebnis, das Ereignis jener Heilsnacht hat die Welt, die damalige und auch noch die heutige, total verändert. Machen Sie einmal eine Wanderung in die Geschichte, was wohl geworden wäre, wenn dieses Ereignis nicht stattgefunden hätte. Gewiss wäre vieles, wenn nicht alles, anders gelaufen auf dieser Welt.

Mit einem bisschen Nachdenken erkennen wir, dass wohl keiner von uns auf der Welt wäre, weil all die Begegnungen, die für unsere Geburt verantwortlich waren, in einer anderen Kultur nicht stattgefunden hätten. Ob man nun an Christus glaubt oder nicht, jeder von uns verdankt jenem Ereignis von Bethlehem irgendwie auch sein eigenes Dasein. Jede einzelne Geburt ist eine Begebenheit, ein Ereignis, das seinesgleichen sucht. Jede Geburt, jedes Kommen in diese Welt ist etwas Einmaliges, Unverwechselbares, Besonderes. Vielleicht sollten wir selber aus diesem Ereignis, für das wir nichts können, etwas Besonderes machen. Und auch wenn wir nicht gleich die Nacht zum Tag werden lassen können, können wir zumindest versuchen da und dort eine kleine Kerze anzuzünden.

Stammbaum – Grund zur Freude

In den Adventstagen tauchen in der Verkündigung zwei Gedanken auf, auf die ich hier kurz mein Augenmerk legen möchte. Das eine ist die Aufforderung des Apostels Paulus an die Philipper sich zu freuen: »Gaudete!« Und das andere ist die Prophezeiung des Jesaias: »Ein Reis wird hervorgehen aus der Wurzel Jesse. Ein Blütenzweig emporsteigen aus seiner Wurzel.« Damit ist der Gedanke des Stammbaumes angesprochen.

Ich behaupte nun, dass ein Nachdenken über den Stammbaum ein großer Anlass zur Freude sein kann. Ist es nämlich nicht ein faszinierender Gedanke, dass durch ihn, durch diesen »Stamm« mit all seinen Verzweigungen, unser ganz persönliches Leben seit eh und je geflossen, durchgeströmt ist, bis es sich schließlich in jedem von uns verkörperte? Das Leben eines fernen Urururahnen ist irgendwie auch unser eigenes. Welch eine unglaubliche, staunenswerte Energie ist das Leben, das in uns allen pulsiert und sozusagen das Tüpfelchen auf dem i der Schöpfung darstellt! Hat es die Philosophen schon immer wieder zum Staunen gebracht, dass etwas ist und nicht vielmehr nichts, so ist die Tatsache, dass etwas lebt und nicht nur »ist«, noch viel, viel erstaunlicher. Leben ist aber wiederum nicht nur etwas Allgemeines, sondern etwas ganz und gar Besonderes, das sich in der jeweiligen Person zeigt.

Und da scheint nun ein neuer Aspekt dieses

Stammbaumes bemerkenswert. Schauen Sie einmal genau hin! Jeder von uns hat einen Vater, eine Mutter, zwei Großmütter, zwei Großväter, vier Urgroßmütter und vier Urgroßväter, acht Ururgroßmütter und acht Ururgroßväter, und so weiter und so fort. Verfolgen Sie also den Stammbaum über einige Jahrhunderte und Sie werden sehen, wie die Zahl unserer Urahnen fast bis ins Unzählbare steigt. Nun überlegen Sie, welch ein großer Aufwand notwendig war, dass jeder von uns das Licht der Welt hat erblicken können.

Es bedurfte aber nicht nur der jeweiligen Personen, die unsere Ahnengalerie darstellen, sondern vor allem auch eines besonderen Treffens. Überlegen Sie wieder, wäre irgendein ferner Ahne im sechzehnten Jahrhundert nicht eben jener Ahnin begegnet, die unsere Urahnin geworden ist, hätten sie sich verfehlt, nicht kennen, vor allem aber nicht lieben gelernt, der Stammbaum würde wie ein Kartenhaus in sich zusammenstürzen und wir wären nicht am Leben. Wie oft denken wir eigentlich voll Freude darüber nach, was alles notwendig war, wer beteiligt war, wieviele Umstände dazu geführt haben, dass es zu unserem Leben gekommen ist?

Ahnen über Ahnen waren beteiligt, wie das Wort schon sagt, eine ganze Ahnenkette. Aber damit eine solche Kette entstehen konnte, war es, wie gesagt, notwendig, dass Menschen zueinander gefunden haben, zueinander standen, es nicht nur zu einer nur flüchtigen Begegnung kam. Wie viel Freude ist wohl in einem solchen Stammbaum aufgeblitzt, als irgendein kleines Wesen auf die Welt kam. Wie viel Liebe und Sorge wurden ihm möglicherweise zugewandt. Wie viele Schicksalsschläge hat es allerdings auch gegeben. Wie viele Umstände hätten dazu führen können, dass er sich anders entwickelt hätte! Man braucht kein exzellenter Mathematiker oder Historiker zu sein um festzustellen, wie unendlich gering die Wahrscheinlichkeit ist, dass ein solch komplexes, diffiziles Gebilde, wie es ein Stammbaum ist, ausgerechnet auf dich oder mich zuläuft (wenn das vielleicht auch überheblich klingen mag). Sollten wir uns also nicht etwas öfter darüber freuen, dass dieser Lebensstrom sich bis zu uns fortgesetzt hat und dass wir selber ein ganz besonderes, persönliches Leben, das einmalig ist, das es nie vorher gegeben hat und nie mehr geben wird, geschenkt bekommen haben?

Ein Stammbaum ist auf der einen Seite sicher etwas Festes, Stabiles – gleichzeitig ist er aber auch das Lebendigste vom Lebendigen. Ein Zusammentreffen, ein Zusammenspiel. Es hat sich gut getroffen, dass sich die richtigen Leute in unserem Stammbaum getroffen haben, damit wir eintreffen konnten in dieser Welt. Es liegt an uns, ob wir diese Treffen und Treffer als Zufall oder auch als Glück bezeichnen wollen, denn sicher ist im Stammbaum jedes Einzelnen auch sehr viel Geglücktes. Was uns stets auch mit Glück erfüllen sollte.

Da gibt es aber nun im Advent auch die Ausrichtung auf jenen Gedanken, der leider bei so vielen

Adventssingen vor lauter Klage über die missglückte Herbergssuche gar nicht so richtig beachtet wird: dass jenes Reis aus der Wurzel Jesse, der Blütenzweig aus dieser Wurzel, emporsteigen und seine Treue bezeugen wird. Das heißt: Sein Kommen hat dafür gesorgt, dass dieser Lebensstrom nicht versiegt, nicht nur der Lebensstrom schlechthin, sondern auch unser individuelles, persönliches Leben. Jeder Stammbaum und jeder Zweig wird in seiner Einmaligkeit ernst genommen werden.

»Die Freude«, so sagt der römische Philosoph Seneca, »ist eine ernste Angelegenheit.« Und deswegen, meine ich, können wir uns in der Adventszeit im Gedanken an den Stammbaum allen Ernstes von Herzen freuen.

Mein Platz in der Welt

Nicht der Sonne
alles erhellender Schein,
nur Schimmer der Kerze
ins Dunkel hinein.
Nicht steiles Gebirge,
das himmelhoch ragt,
sondern Stufe,
die langsam höher sich wagt.

Nicht Aufbruch ins Weltall,
Reise zum Mond,
sondern Schritt hin zum Nachbarn,
der neben mir wohnt.
Nicht Show,
nicht großes Komödienstück,
sondern Lächeln,
ein wenig vom Kleingeld fürs Glück.

Nicht Prunkgebäude,
nicht prächtiges Schloss,
sondern Hütte und Dach,
ein Unterschlupf bloß.
Nicht große Worte,
Versprechen und Schwur,
ein gutes Wort
und ein Dankeschön nur.

Lass das mich erkennen,
hören und sehn,
was möglich mir ist,
und lass mich verstehn,
was ich tun kann im Jetzt,
bewirken im Heut,
was das Meinige ist
in unserer Zeit.

Ein jeder kommt an

Wer die Zeitung aufschlägt im Sport,
liest sehr oft einen neuen Rekord.
Heutzutag kommen viel
immer schneller ans Ziel.
Aber wir, die wir langsamer gehn,
brauchen trotzdem nicht schlechter dastehn.

Sogar der Rentner mit dem Stecken,
der braucht jetzt nicht sofort erschrecken.
Denn denk dran: Ob früher oder später,
hin kommt bestimmt doch ein jeder,
ob er rennt, ob er hastet,
ob er ruht oder rastet,
ein jeder kommt an.
Es läuft keiner davon,
wenn er noch so schnell rennt,
seinem letztlichen End.

Was ist das Leben?

Jetzt ist die staade Zeit, in der sich die Natur anschickt sich zum Winterschlaf zu rüsten, in der das Jahr mit wenig Farben auskommt und die bunten Tage des Frühlings, Sommers und Herbstes allenfalls in der Erinnerung leben. Um diese Zeit fängt man da und dort an nachzudenken über das Werden und Vergehen in der Natur und übers Leben. Was ist dieses Leben überhaupt? Zu allen Zeiten hat sich der Mensch darüber Gedanken gemacht. Nicht zuletzt in der bayerischen Barocklyrik, wo wir folgende Zeilen finden:

> Ein Schlaf, ein Fabel und ein Gras,
> ein Blum, Heu, Schatten, Wasserblas.
> Ein Aschen, wie ein Glas zerbricht's,
> ein Punkt, Schall, Wind, ja sauber nichts.

(Jeremias Drexel)

Die nächste Runde

Vom Kalender fällt schon bald
das letzte Blatt und eisig kalt
und abgestorbn sind Wald und Feld,
ganz ohne Leben ist die Welt.
Und wir wissen doch, dass das neue Jahr,
genauso, wie's im letzten war,
gewiss einen neuen Frühling bringt,
dass Leben wieder durch sich ringt,
dass jetzt im Winterschlaf es liegt
doch bald eine neue Kraft schon siegt,
wieder alles blühen, wachsen wird,
Lebendiges wieder Leben gebiert.

Jeds Frühjahr bringt uns neuen Flieder;
wir wissen's ja: Es wird schon wieder.
Bloß eines in den Sternen steht:
Sind wir, wenn's wieder aufwärts geht,
wenn alles wieder wächst und blüht,
wenn treiben man's und sprossen sieht,
sind wir, wenn alles wieder neu
sein wird, dann auch dabei?

Keins von uns weiß, ob's ihn und mich
noch geben wird, ob sie, ob dich,
ob für uns das Karussell der Zeit
die nächste Runde hält bereit.

Wenn wir auferstehn sollen

Lieber Gott, tu mir den Gfalln:
Wenn wir einmal auferstehn solln,
lass doch bitt schön da drübn
noch ein bisserl was sein von unserm Herübn!
Ich bitt dich recht schön, erfüll mein Gebet:
Vergiss überm Großn das Kleine net!
Lass net bloß die ganz Frommen droben sein,
net nur grad die mit'm Heiligenschein,
sondern auch die andern Leut!
Glaub mir's, mit denen hast bestimmt auch deine Freud.
Lass mein' gstorbnen Schulfreund auch umeinander
                                        rennen,
war's auch ein Strizzi, du wirst'n schon kennen.
Und des junge Madl von vis-à-vis,
des aus Verzweiflung wo runterghüpft is.
Den alten Kramer vorn vom Eck,
auch wenn ihm das Bier hat so narrisch gut gschmeckt,
und die alt Tant, die so grantig hat gschaut,
lass hinein, sie war doch a seelngute Haut.
Und noch ganz a bsondre Bitt hätt ich fei':
Lass auch die Viecherl da drobn wieder 'nei'!
Lass' singen und wiehern, gackern und belln,
des stört ganz bestimmt net die himmlischn Seeln.
Lass' also, ich bitt dich, vom irdischen Lebn
auch bei dir dort obn was im Himmel drin gebn!
Gib, dass ich alls, was ich gern hab, da drobn wieder
                                        seh!
Das wär's, amen. Und dank dir auch schö'!

Tiefer gschaut

Wer jetzt as Land im Winter siehgt,
so wie's ganz abgstorbn vor uns liegt,
wer ohne Blattl jetzt an Baum
so anschaut, der kann fast net glaubn,
dass er, der ausschaut wie a Besn,
a toter, ja voll Lebn ist gwesn,
dass er im Frühjahr voller Saft,
voll Blüh ist gwesn, voller Kraft.

So ist's mit viel rund um uns rum:
Wir sehn vom meisten bloß ein Trumm,
a bisserl grad, a ganz kleins Stück,
bloß an Moment, an Augenblick.
Was weiter und was tiefer geht,
das sehn wir mit die Augn oft net.
Zum weiter und zum tiefer Schaugn,
da müss' ma an das Gute glaubn.

Eine »heiße« Weihnachtsgeschichte

Eigentlich wollte ich schon gar nicht mehr ans Telefon gehen. Wir hatten bereits die Koffer vor der Tür stehen und erwarteten jede Minute das Taxi, das uns zum Flugplatz zu unserem Sommerurlaub abholen sollte. Naja, aber vielleicht war es doch etwas ganz Wichtiges. Ich rannte also ans Telefon und rief: »Ach, was gibt es noch?« hinein.

»Ja, hier ist der Herr Edlmann«, hörte ich eine Stimme am anderen Ende der Leitung. »Aus dem Rosenheimer Verlagshaus.«

»Herr Edlmann«, sagte ich, »wissen Sie, dass ich in ein paar Minuten in meine Sommerferien aufbreche? Was gibt es noch Dringendes?«

»Wissen Sie«, hörte ich ihn mit gequälter Stimme sprechen, »es ist wegen dem Weihnachtsbuch. Ich brauch Sie noch dringend.«

»Oh Gott«, stöhnte ich, »ich habe mir doch gedacht, dass schon alles abgeschlossen ist. Habe ich nicht die ganzen Manuskripte termingerecht abgeliefert?«

»Ja«, sagte mein Gesprächspartner etwas zögerlich, »aber da ist uns ein kleiner Fehler unterlaufen. Wir haben eine falsche Umfangsberechnung gemacht.« Dann erklärte er mir umständlich irgendetwas von einem Umbruch und einer bestimmten Seitenzahl und dass er halt unbedingt noch etwas brauche.

»Bis wann?«, fragte ich. »Möglicherweise wieder einmal in den nächsten drei bis vier Stunden?«

»Nein«, meinte er versöhnlich, »Sie hätten schon noch einen ganzen Tag Zeit.«

Ich erklärte ihm nochmals, dass ich schon auf dem Weg in den Urlaub sei und nicht wegen drei Seiten meinen Flug verfallen lassen würde.

»Da müssen wir uns etwas anderes einfallen lassen«, überlegte Herr Edlmann. »Haben Sie da drunten ein Faxgerät in Ihrem Hotel oder wo Sie sich sonst aufhalten?«

»Faxgerät?«, fragte ich zurück. »Telefon haben sie bestimmt.«

»Heutzutage hat doch jedes kleinere Hotel wohl auch ein Faxgerät, dann könnten wir doch eine Lösung finden«, schlug Herr Edlmann vor. Ich hörte am anderen Ende der Leitung jemanden flüstern.

»Also«, sagte Herr Edlmann nach kurzer Zeit, »ich habe mich gerade mit dem Herstellungsleiter besprochen. Wir hätten noch zehn Tage Zeit. Aber das ist die letzte Möglichkeit, dann brauche ich die Geschichte. Wirklich dringend! Sonst kommen wir in echte Schwierigkeiten. Wir können doch nicht drei Seiten frei lassen.«

»Oh Gott, oh Gott«, seufzte ich, »können Sie sich denn wirklich nicht irgendetwas anderes einfallen lassen? Wie wäre es denn mit ein paar netten Zeichnungen? Oder wollen Sie nicht eine größere Schrift wählen? Oder nehmen Sie halt eine Geschichte aus einem anderen meiner Bücher heraus. Das fällt doch keinem Menschen auf. Die meisten lesen die Geschichten ohnehin nicht so genau. Wenn, dann allenfalls zur Weihnachtszeit. Und von Weihnachten zu Weihnachten hat man das meiste doch wieder vergessen.«

»Das geht nicht«, bemerkte Herr Edlmann lakonisch, »wir haben schon alle Möglichkeiten ausgeschöpft. Der einzige Ausweg ist, dass Sie sich noch drei Seiten einfallen lassen.«

»Das Taxi wartet. Ich muss weg«, rief ich in den Hörer.

Ja, und da sitze ich nun im heißesten Urlaub, den ich jemals verbracht habe. Ich habe nämlich vorher vergessen zu sagen, dass wir nach Ägypten gereist sind. Fünfundvierzig Grad im Schatten. Die ersten paar Tage, die ich bei dieser Gluthitze verbrachte, hatte ich größte Anpassungsschwierigkeiten. Aber am fünften Tag fiel mir im wahrsten Sinne des Wortes »glühend heiß« ein, dass ich laut Edlmann nur noch eine Galgenfrist von fünf Tagen hätte.

Zunächst tröstete ich mich mit dem Gedanken, dass ein so renommierter Verlag wie die Rosenheimer doch letztlich schon irgendwie zurechtkommen werde. Aber ich konnte die klagende Stimme des Herrn Edlmann einfach nicht ganz und gar verdrängen. Also befasste ich mich zumindest mit dem Gedanken, etwas zu Papier zu bringen.

Das Thermometer war inzwischen noch einige Grad nach oben gerückt. Bei achtundvierzig Grad im Schatten eine Weihnachtsgeschichte zu schreiben, das gehört schon zu den schwierigsten Aufgaben, die man sich vorstellen kann. Dazu kommt, dass ich inzwischen seit zwei Tagen an einer Erkältung leide, die ich mir wohl durch die Klimaanlage zugezogen habe. An sich mag ich ja Klimaanlagen überhaupt nicht, weil ich ihre Folgen schon kenne, aber ich habe es einfach nicht anders ausgehalten. Ach ja, eine Erkältung wäre immerhin etwas Winterliches. Aber eine Weihnachtsgeschichte gibt ein Katarrh auch nicht her.

So sitze ich also da, mit Lichtschutzfaktor dreiundzwanzig eingecremt, den Strohhut auf dem Kopf, den mir am Strand irgendwer angedreht hat, und »brüte« im wahrsten Sinne des Wortes. Vielleicht könnte man mit den Weihnachtsliedern irgendetwas anfangen. »Leise rieselt der Schnee«, wie wäre es damit? Ich könnte ja meine Erinnerungen über irgendeine Schneeballschlacht schreiben oder ein Gedicht über den ersten Schnee machen. Das habe ich allerdings schon im letzten Weihnachtsbuch getan.

Gott sei Dank gibt die Palme, unter die ich mich gelegt habe, etwas Schatten. Ein Mann mit einem Kamel kommt daher und will mich zu einem Ritt einladen. Ich denke an das Lied »O Tannenbaum, wie grün sind deine Blätter«. Vielleicht sollte ich unter der Palme die Geschichte schreiben, wie wir seinerzeit beinahe keinen Christbaum mehr bekommen hätten? Das war doch ganz lustig.

Beim Gedanken an eine mit Christbaumkugeln oder Sternwerfern geschmückte Palme kommt aber einfach keine Christbaumstimmung auf. Schon weil ich nicht wüsste, wo ich bei einer Palme die Christbaumspitze befestigen sollte.

Ein Stück weiter weg blöken Schafe. Wo diese Tiere in der kargen Landschaft nur ihre Nahrung hernehmen? Ich schaue mich ein wenig um. In dieser Zeit der heißesten Sonne bin ich einer der wohl sehr wenigen Gäste, die sich außerhalb der Aircondition aufhalten. Still ist es um mich geworden.

Da fallen mir die Zeilen von Ludwig Thoma »Heiliger Nacht« ein: »Im Wald is's so staad, alle Weg' san verwaht, alle Weg' san verschniebn.« Ja, von wegen »verschniebn«! Sicher hat es hier überhaupt noch nie geschneit. Ist es wirklich möglich, in dieser Umgebung eine Weihnachtsgeschichte zu schreiben? Ich werde wenigstens meiner üblichen Postkartenpflicht Genüge tun und an meinen lieben Cousin Albert Riedl und seine noch liebere Frau schreiben. Es ist für mich Traditon, in jedem Urlaub ein neues Urlaubsgedicht für sie zu machen. Da fällt mir auch gleich etwas ein und ich beginne zu dichten:

Wenn wüst die Wüstenwinde wehn,
die Beduinen zelten gehn,
im Minarett der Muezzin
liest vor dem offenen Kamin
in »Durch die Wüste« von Karl May,
der Berber und sein Berberwei'
an einem Berberteppich strickt,
die Sanduhr halbe drei schon tickt,

wenn das Kamel vom Palmennest
ein Ständchen froh erschallen lässt,
grüßt euch bei Dattelwein und -datschi
der Halef Helmut Ibn Hadschi.

Das ist natürlich alles andere als ein Weihnachtsgedicht.

Nun erfahre ich bei der Rezeption, dass morgen ein großer Bazar stattfindet. Da werde ich mir wohl auch keine Anregungen holen können, denn es ist schon ein himmelweiter Unterschied zwischen einem solchen orientalischen Bazar und unserem Christkindlmarkt, auch wenn derselbe immer mehr zu einem gigantischen Glühweinausschank verkümmert.

Der Gedanke an Glühwein genügt in dieser Hitze, dass meine Temperatur weiter ansteigt und ich mir in der Bar schnell ein eisgekühltes Wasser bestelle. Jetzt werde ich meinen Nachmittagsschlaf halten.

Als ich gerade leicht eingeschlafen bin, kommt meine Tochter mit ihrer Lateinlektüre, die sie fleißigerweise in die Ferien mitgenommen hat, und hält mir ein Kapitel aus Curtius Rufus unter die Nase, der bekanntlich über die Alexanderfeldzüge geschrieben hat. Sie will wissen, was die Begriffe aestus, vapor, ardere, urere und so weiter bedeuten. Ich erkläre ihr, dass es sich dabei um Wörter wie Gluthitze, glühend heiß, brennen handelt. Wir übersetzen ein paar Zeilen der Textstelle über die unsäglichen Qualen Alexanders und seines Heeres bei den hohen Temperaturen in diesem Land.

Das orientalische Buffet zum Abendessen regt auch nicht gerade zu Gedanken über Lebkuchen und Kletzenbrot an, wenn man davon absieht, dass ja auch im Kletzenbrot Feigen enthalten sind und das Orangeat, das wir für unser Weihnachtsgebäck verwenden, aus Orangen hergestellt wird.

Bevor ich mich ins Bett lege, schaue ich noch einmal den klaren Sternenhimmel an und denke darüber nach, dass dieselben Sterne bereits vor zweitausend Jahren ihre Bahnen gezogen haben und dieser Himmel zur Geburt Christi mit dem geheimnisvollen Weihnachtsstern derselbe war wie der, den ich heute sehe.

Meine Frau ist neben mich getreten und flüstert mir zu: »Ist dieser Sternenhimmel nicht etwas Herrliches? Hast du eigentlich schon überlegt, dass das vor zweitausend Jahren genau derselbe Himmel wie heute war?«

»Kannst du Gedanken lesen?«, frage ich zurück.

»Nein«, lacht sie, »aber weißt du, ich habe mich gerade gefragt, wie das damals bei der Geburt Christi war, eigentlich nur einige hundert Kilometer weiter weg.«

Da fällt es mir plötzlich wie Schuppen von den Augen. Von wegen »Im Wald is's so staad, die Wege sind verschniebn.« Von wegen Tannenbaum, Christkindlmarkt und so weiter! *Dies* ist die Welt, in der Christus das Licht der Welt erblickte, lebte und wirkte und für uns am Kreuz starb. Vielleicht sollten wir, auch wenn es hin und wieder schön ist, die Heilige Nacht in unsere Heimat zu versetzen, öfter an die oft nicht ganz so liebliche harte Realität zu jener Zeit denken.

Möglicherweise schreibe ich doch noch eine ganz andere Weihnachtsgeschichte hier in diesem Land. Und dann werde ich sie ganz schnell dem Herrn Edlmann durchfaxen, damit mein Weihnachtsbuch noch zustande kommt.